Heinrich Birnbaum, Eduard Kauffer

Diesseits und Jenseits

Lebens- und Geschichtsbilder aus alter und neuer Zeit

Heinrich Birnbaum, Eduard Kauffer

Diesseits und Jenseits
Lebens- und Geschichtsbilder aus alter und neuer Zeit

ISBN/EAN: 9783743467675

Hergestellt in Europa, USA, Kanada, Australien, Japan

Cover: Foto ©ninafisch / pixelio.de

Weitere Bücher finden Sie auf **www.hansebooks.com**

Welt der Jugend Nr. 10.

Diesseits und Jenseits.

Lebens= und Geschichtsbilder aus alter und neuer Zeit.

Inhalt:

Karl Ritter.
Der Vater der neueren Erdkunde.
Von Dr. H. Birnbaum.

Das Volk der Pfahlbauten.
Merkzeichen aus der Kindheit unseres Geschlechts.
Von Dr. Eduard Kauffer.

Erholungsstunden.

1. Physikalische Briefe.
Noch einmal die Wunderscheibe. Von W. Weltmann.
2. Gesellschaftliche Belustigungen.
Die Kreiswandlung. Ein frischer Blumenstrauß im Winter.

3. Magische und mathematische Kurzweil.
4. Räthsel und Räthselfragen.

Geschichtskalender.
Erinnerungstage vaterländischer Großthaten.
Geburts= und Sterbetage berühmter Menschen.

Mit 20 in den Text gedruckten Illustrationen und einem Tonbilde.

Leipzig.
Verlag von Otto Spamer.
1867.

Auflösungen

der am Schlusse dieses Bändchens in den „Erholungsstunden" enthaltenen Aufgaben.

1. **Mathematische Aufgabe.** Das hinterlassene Vermögen des Sonderlings betrug 3600 Thaler.
2. **Räthsel und Räthselfragen.** 1. Schreibfeder. 2. Eiszapfen. 3. Wallenstein. 4. Bleifeder. 5. Frost, Rost, Ost. 6. Eis, Reis, Greis.

Zur gefälligen Beachtung.

In geneigter Berücksichtigung des Umstandes, daß das vorhergehende Heft der gegenwärtigen, mit diesem Hefte abgeschlossenen zweiten Sammlung unserer „Welt der Jugend" einen Umfang von sieben Bogen, also das gewöhnliche Maß um zwei volle Bogen überschritten hat, werden es unsere geehrten Abnehmer gewiß gerechtfertigt finden, daß wir das gegenwärtige Heft auf vier statt fünf Bogen beschränkt, mithin immer nur um einen Bogen verkürzt haben. Der früher schon angekündigte Aufsatz über das atlantische Kabel wird deshalb in dem ersten Hefte der nächsten, dritten Sammlung Platz finden, welches der Nr. 10 auf dem Fuße folgt. Wir bitten um beschleunigte Aufgabe gefälliger Bestellungen auf die Fortsetzung.

Das Karl Ritter-Denkmal zu Quedlinburg.

Karl Ritter,
der Vater der neueren Erdkunde
Lebensbild von Dr. H. Birnbaum.

Jene reine Freude, welche die Jugend über das Große, Schöne und Erhabene der Thaten berühmter Männer empfindet, erhält erst dann ihre rechte Weihe, wenn sie auch zur Nachahmung begeistert und anspornt. Lebensbeschreibungen edler Geister fördern daher vor allen anderen Einwirkungen die geistige Selbstentwicklung des heranwachsenden Geschlechtes, sind ein kräftiges Hülfsmittel der Erziehung für Schule und Haus.

Karl Ritter gehörte zu den liebenswürdigen, stillen und doch starken Naturen, die im Bewundern und Erstreben des erreichbar Höchsten ihr ganzes Lebensglück finden und Alles, was sie geworden, hauptsächlich nur sich selbst verdanken. Sein ganzes Leben bezeugt, wie Großes der Mensch zu leisten vermag, wenn er nur ernstlich und wohlbedacht einem klar erkannten Zwecke nachstrebt, und wenn er es daneben nicht versäumt, die begleitenden, oft scheinbar zufälligen Umstände, welche uns das Schicksal entgegenführt, verständig zu berücksichtigen, sowie frisch und kräftig zu verwerthen. Ritter fühlte schon früh zwei ganz verschiedene Berufsneigungen in sich. Von ganzem Herzen war er ein Freund des gesammten Erziehungswesens der Jugend, und gar nicht viel fehlte, daß er diese Lebensrichtung auf immer verfolgt und zu seinem Hauptfach erkoren hätte.

Daneben übte aber auch das Erforschen der Natur einen mächtigen Reiz auf ihn, und vorzüglich war es die Beschaffenheit der Erde als Wohnplatz der Menschen, Thiere und Pflanzen, als Grundlage aller geschichtlichen Entwicklung, was ihn fesselte und zum Denken anspornte. Hier erkannte er, daß eine Wissenschaft der Erdkunde, welche die Wechselbeziehungen zwischen dem Festen, Flüssigen und Luftförmigen, zwischen dem Belebten und Unbelebten in klare Anschauungen und Grundsätze zu bringen hat, eigentlich noch gar nicht vorhanden sei. Und er fühlte den mächtigen Trieb in sich, diesem Mangel abzuhelfen; er machte den Versuch, eine naturwissenschaftliche, kulturgeschichtliche Geographie zu schaffen. Das war ein großes Wollen, aber Ritter war auch ganz der Mann dazu, es so zum Ziele hinauszuführen, daß es alle Denkenden befriedigte. So ist er denn einer der größten Geographen aller Zeiten geworden. Ob er als Meister im Erziehungsfache gleich hohen Ruhm errungen hätte, läßt sich natürlich nicht entscheiden; der innere Beruf dazu fehlte ihm wenigstens nicht. Wir aber wollen uns freuen, daß er in seinem Streben nur für jenes Eine alle Kräfte zusammengefaßt hat und dadurch im Gebiete der Erdkunde ein hochberühmter, ganzer Mann geworden ist, dem alle kommenden Jahrhunderte den Zoll der Bewunderung nicht versagen werden. — Karl Ritter wurde am 7. Aug. 1779 zu Quedlinburg geboren, an demselben Orte, wo ein halbes Jahrhundert früher F. G. Klopstock das Licht der Welt erblickt hatte. Sein Vater war ein allgemein geachteter Arzt, ein ehrenwerther Mann, der seinen Beruf mit wirklicher Aufopferung pflegte und sich nur in gewissenhafter Pflichterfüllung glücklich fühlte. So genoß derselbe auch das volle Vertrauen der Prinzessin Anna Amalie von Preußen, Schwester Friedrich's des Großen und Aebtissin des altberühmten fürstlichen Stiftes, welche den Doktor Ritter sogar zu ihrem „Leibmedicus" erwählte. Leider starb dieser wackere Mann bereits, als sein kleiner Karl kaum das vierte Jahr erreicht hatte. Der Mutter, welche außer ihm noch fünf ältere Kinder versorgen mußte, war es in ihrer drückenden Lage eine wesentliche Erleichterung, als die Erziehung ihres jüngsten Sohnes von anderer Seite übernommen wurde.

Johann Christoph Friedrich Gutsmuths, ein hochherziger, edler Mann, derselbe, welcher sich später einen sehr geachteten Namen als Jugenderzieher, als Geograph und Begründer des deutschen Turnwesens erwarb, hat unstreitig den wichtigsten Einfluß auf die Entwicklung unseres Karl Ritter ausgeübt. Schon als Primaner, im Alter von 18 Jahren, kam Gutsmuths auf warme Empfehlungen in die Familie des Leibmedicus, um den häuslichen Unterricht der Kinder mit zu leiten. Zwei Jahre später bezog er die Universität Halle, wo er Theologie studirte. Nach vollendetem Studium kehrte er ohne Aufenthalt in das Haus seines väterlichen Freundes, des Leibmedicus Ritter, zurück, um die Erziehung der Kinder auf's Neue in die Hand zu nehmen. Denn er sah das Ritter'sche Haus wie seine eigentliche Heimat an, da er, schon seit dem 14. Jahre verwaist, es für eine glückliche Fügung des Himmels erachtete, in der Familie Ritter ein Elternhaus wiedergefunden zu haben. Durch seine Mittheilungen über dieses

Haus erfahren wir, daß der alte Ritter ein Mann von überraschender Größe, ein Bild von Gesundheit und Kraft und ein Born der edelsten Herzensgüte gewesen sei. Derselbe habe das Erziehungswesen der Jugend vom ärztlichen Standpunkte aus mit einer wahren Begeisterung in's Auge gefaßt und sei schon über viele Punkte nothwendiger Verbesserungen im Klaren gewesen, die später von Anderen als etwas ganz Neues aufgestellt worden wären.

Johann Christoph Friedrich Gutsmuths.

Im Ritter'schen Hause herrschte überhaupt ein reger Sinn für Kunst und Wissenschaft. Wenn der Doktor Mittags und Abends heimkam von seinen Berufswegen, so sah er es sehr gern, daß Gutsmuths gegen ihn irgend eine belehrende Neuigkeit, worauf diesen sein Studium geführt hatte, zur Sprache brachte.

Damals erregte J. B. Basedow mit seinen neuen Erziehungs-Grundsätzen, die alle Künstelei verwarfen und dafür die Rückkehr zur einfachen, schlichten Natur verlangten, großes Aufsehen, und es war nur natürlich, daß Vater Ritter solchen Grundsätzen seinen ganzen Beifall schenkte. „Ich wünsche, lieber Gutsmuths," rief er häufig aus, „daß meine Kinder ganz nach dem Basedow'schen System erzogen werden. In diesem steckt Wahrheit und Vernunft. Damit wird für Körper und Geist zugleich und gewissenhaft gesorgt."

Der junge Gutsmuths erfüllte diesen Wunsch mit Freuden, denn er war selbst von ganzem Herzen den neuen Erziehungs-Ansichten von Basedow und Lange zugethan. Den kleinen Karl traf damals freilich die Heranziehung zum Unterricht noch nicht, an den Turnübungen und Kinderspielen durfte er jedoch bereits Theil nehmen. Nachher aber lenkte sich auf ihn die Hauptaufmerksamkeit, man wollte ihn so recht aus dem Grunde nach den neuesten Ideen erziehen. Da ereignete sich leider ein Unglücksfall, der den schönen Plan in betrübendster Weise vernichtete.

Im Frühjahr 1784 saß die Familie eines Tages im Garten und hatte ihre Freude über die Blütenpracht und am jungen Grün der wiedererwachten Natur. Die älteren Knaben waren auf ihren Gartenplätzen beschäftigt, während die kleineren Kinder sich in muntern Spielen tummelten. Die glückliche Mutter und Gutsmuths nahmen im Stillen den lebhaftesten Antheil. Da kam auch der Leibmedicus von seinen Geschäften heim und setzte sich lächelnd unter die heitere Gruppe. Doch lag in diesem Lächeln ein gewisser wehmuthsvoller Ernst. Die liebevolle Gattin suchte das Trübe, welches nach ihrer Meinung der ernste Beruf ihres Mannes hervorgerufen hatte, aus seiner Stimmung zu verscheuchen. Sie bemühte sich zu erfahren, was ihn quäle.

„Ich fühle mich unwohl, mein Kind", sagte er, „und habe Ursache zu fürchten, daß ich vom Nervenfieber angesteckt bin." Da verstummte, wie mit einem Schlage, alle Freude, und mit Angst und Schrecken blickte man auf die bebenden Lippen, welche das verhängnißvolle Wort gesprochen. Alles weinte, und selbst dem sonst so starken und an Beherrschung gewöhnten Vater glitt eine Thräne aus dem bekümmerten Auge. „Ach!" rief er aus; „es ist so schön auf dieser Erde und in Eurer Mitte; wie gern bliebe ich noch hier! Aber ich fürchte, daß das Schicksal anders über mich entschieden hat!" — Die Vorkehrungen zur Abwehr der gefürchteten Krankheit wurden zwar sogleich getroffen, aber sie hatten nicht mehr den gewünschten Erfolg.

„Gutsmuths", sagte Vater Ritter, als er einmal mit dem Angeredeten allein im Zimmer war, „das gefürchtete Unglück ist nun wirklich da; die Fülle und Kräftigkeit meines Körpers macht die Krankheit nur um so gefährlicher. Sollte wirklich das Schlimmste eintreten, so vertraue ich auf Ihren Edelsinn. Verlassen Sie meine Frau und meine Kinder nicht! Und nehmen Sie sich insbesondere meines kleinen Karl an!" — Der tief erschütterte Hausfreund konnte nur mit einem herzlichen Händedruck antworten.

Das Nervenfieber trat in der That mit ungewöhnlicher Heftigkeit auf und führte auch bald den Tod herbei. Vierzehn Tage nach dem Vorfall im Garten trug man den Entseelten auf den Friedhof. Eine wehmuthsvolle Trauer verbreitete sich über die ganze Stadt, und die Theilnahme an dem herben Verlust der Familie Ritter war eben so allgemein wie tief empfunden. Die unglückliche Wittwe aber schien wie betäubt, denn Wochen lang konnte sie nichts thun, nichts denken, nichts beschließen, und ihr Zustand erregte die ernsteste Besorgniß.

In dieser Zeit der Trauer und des Unglücks war es Gutsmuths, welcher, seines gegebenen Wortes eingedenk, der trostlosen Frau treu zur Seite stand. „Ich bleibe bei Ihnen", sagte er, „und verlasse Ihre Kinder nicht. Sie dürfen nichts dagegen haben; denn es gilt ein Gelöbniß, das ich meinem verklärten Freunde, Ihrem Gemahl, gegeben habe. Ich bin fest entschlossen, Wort zu halten, ohne auf Gegenleistung Anspruch zu erheben, da ich nur zu wohl weiß, wie Ihre Verhältnisse stehen."

Für dieses hochherzige, edle Wort konnte die arme Frau nur mit Thränen danken. Die Noth war in der That sehr groß. Das hinterlassene, äußerst spärliche Vermögen und der karge Wittwengehalt reichten kaum zur Erhaltung des Lebens der hart bedrängten Frau und ihrer Kinder aus. Das älteste der letzteren war erst elf Jahre alt; alle bedurften daher noch der mütterlichen Pflege und Sorgfalt. Das wußte Gutsmuths und dachte deshalb zunächst daran, sich eine Erwerbsquelle zu eröffnen, wodurch er helfen konnte. Er gab Privatunterricht und versuchte sich als Schriftsteller auf dem damals sehr beachteten Felde des Erziehungswesens. Der Erfolg war nicht ohne Glück, und Gutsmuths hatte die Freude, der verlassenen Familie wirklich Beistand gewähren zu können. Dies trieb er zwei volle Jahre mit dem ehrlichsten Bemühen und sorgte daneben auch auf das Gewissenhafteste für die geistige Erziehung der Ritter'schen Kinder.

Die Aufsätze, welche Gutsmuths über Erziehung geschrieben hatte, waren nicht unbeachtet geblieben und besonders dem berühmten Erziehungsmeister Salzmann aufgefallen, der eben damit umging, in Schnepfenthal ein Erziehungs-Institut nach ähnlichen Grundsätzen, wie sie Gutsmuths erörtert hatte, in's Leben zu rufen. Er schrieb deshalb an Gutsmuths, um ihn als Mitarbeiter zu gewinnen. Die Aufforderung hatte außerordentlich viel Anziehendes für den strebsamen jungen Mann, nur ward es ihm schwer, die Ritter'sche Familie schon jetzt zu verlassen. In seinem Antwortschreiben entwickelte er die Gründe, welche ihn banden, und daß er entschlossen sei, abzulehnen, wenn ihm nicht gestattet wäre, seinen Karl Ritter mitzubringen; von diesem könne und dürfe er sich nicht trennen. Eine so edle Menschenfreundlichkeit verfehlte ihre Wirkung auf Salzmann nicht. „Sie müssen zu mir kommen", forderte er Gutsmuths auf, „und auch mit Ihrem Karl. Er soll die erste Schnepfe in meinem Thale sein. Der gütige Himmel wird dann bald noch andere nachkommen lassen." — Dies Wort gewann einen bedeutungsvollen Sinn, denn Salzmann hatte das Erziehungsgebäude zu Schnepfenthal schon 1786 vollendet und harrte nun bereits ein ganzes Jahr lang vergebens auf die Anmeldung von Zöglingen. Uebrigens bewährte sich Salzmann's Hoffnung auf's Schönste, denn fast mit dem Tage seines menschenfreundlichen Entschlusses, Karl Ritter unentgeltlich aufzunehmen, kamen von allen Seiten Anfragen, und schon nach Verlauf eines Jahres sah sich der Begründer des Instituts genöthigt, die Zahl der Zöglinge von 12 auf 24 auszudehnen; ja bald darauf mußte die Anstalt durch Neubauten erweitert werden, um den fortwährend sich steigernden Anmeldungen genügen zu können.

Karl Ritter hatte also nicht nur in seinem geliebten Gutsmuths einen väterlichen Freund behalten, sondern auch in dem biederen, streng rechtlichen Salzmann einen liebevollen Vater und in dessen musterhafter Gattin eine eben so verständige wie sorgsame Pflegemutter gewonnen. Nach Salzmann's Plane trug das Institut den schlichten Charakter einer innig zusammengehörigen Familie. Er selbst ward „Vater" und seine Frau „Mutter" genannt, und Beide sorgten dafür, daß diese schöne Benennung auch in vollster Wahrheit Geltung behielt. Eine solche Familieneinigkeit, wie sie damals in Schnepfenthal bestand, wurde von der ganzen Welt bewundert und zum Vorbild genommen. Die guten Früchte sind auch nicht ausgeblieben. Salzmann war übrigens ganz der Mann, um Mitarbeiter aufzusuchen, welche Geschick und Herz für das große Werk der Jugenderziehung besaßen und sich gleich ihm mit edler Begeisterung ihrem schwierigen Berufe unterzogen.

Es war natürlich, daß sich in dem von der Natur reich gesegneten Aufenthalte unser Ritter ganz glücklich fühlte. Er verlebte dort die schönsten Jahre seiner Jugend. Die Grundzüge der ganzen Erziehung liefen darauf hinaus, die Zöglinge heiter und froh zu erhalten, an einfache, gute Sitten zu gewöhnen, Herz und Kopf für das Edle, Gute und Wahre empfänglich zu machen, dabei aber thunlichst Rücksicht auf die Neigung und Befähigung jedes Einzelnen zu nehmen. Vater Salzmann wollte, daß sich jeder seiner Pflegesöhne so viel nur irgend möglich frei und glücklich fühle, und daß er im Denken, Wollen und Thun sich eine Selbständigkeit aneigne, die für's spätere Leben Werth habe. Denn nur Das gäbe einen zuverlässigen Halt und die wahre Größe eines Menschen, was er durch seinen Willen und mit Gottes Hülfe aus sich gemacht habe. Der Erzieher müsse in jeder Beziehung selbst zum Vorbild dienen und übrigens nur darauf achten, daß die jungen Gemüther ihren freien Willen nicht mißbrauchen. Das edle Prinzip herrsche in jedem Menschen, besonders aber in der Jugend vor, und Alle hätten Freude an dem Beispiel guter Grundsätze, guter Gesinnung, guter Thaten. Die Erzieher verdürben es meistens dadurch, daß sie zu ängstlich den freien Willen beschränkten und es am nachahmungswürdigen Beispiele fehlen ließen.

So kam es denn, daß Karl Ritter's körperliche Entwicklung im Ganzen recht wohl gedieh, daß es aber mit seiner geistigen Ausbildung nur sehr langsam vorwärts ging. Für die alten Sprachen bezeigte er nur geringe Neigung, und

wenn ihn die neueren auch etwas mehr anzogen, so blieb der Erfolg seiner Lei=
stungen doch immer hinter dem zurück, was seine Erzieher von ihm erwarteten.
Dagegen zeigte er für die Naturgeschichte, für Geschichte und Geographie viel
Sinn und glückliche Anlagen. Zur Mathematik hatte er besondere Lust und that
es hierin den besten seiner Mitschüler gleich; ja es kam bisweilen vor, daß er in
diesem Fache seine Lehrer durch Beweise eines tief eingehenden Nachdenkens freu=
dig überraschte. Noch weit eifriger trieb er aber das Zeichnen, und in dem An=
fertigen von Landkarten überflügelte er ganz Schnepfenthal.

Ansicht von Schnepfenthal.

Niemand freute sich darüber mehr als Gutsmuths, sein väterlicher Freund,
der scherzweise einst mit Schiller ausrief: „Der Knabe (Don) Karl fängt an, mir
gefährlich zu werden!" — Bei alledem waren die geistigen Leistungen des jungen
Ritter doch im Ganzen sehr mittelmäßig, und Spuren besonderer Geistestiefe
traten nirgend zu Tage. Dagegen zeigte sich der Knabe in seinen Sitten und
Grundsätzen stets musterhaft; er war eine gutmüthige, sanfte Natur, ganz ohne
Falsch und Hehl, mit der alle anderen Knaben gern verkehrten. Je weiter er
heranwuchs, desto größere Freude machte es ihm, wenn man ihm das Ver=
trauen schenkte, jüngere Schüler zu beaufsichtigen und zu unterweisen, was ihm
hauptsächlich mit Rücksicht auf das Turnen vergönnt wurde.

Im Sommer ging man viel auf Reisen, und zwar in der ersten Zeit meist unter persönlicher Leitung des Vater Salzmann, der unterwegs immer anziehende und belehrende Jugendgeschichten zum Besten gab. Karl Ritter hörte dergleichen Erzählungen außerordentlich gern und erinnerte sich in späterer Lebenszeit noch mit sichtlicher Freude daran, welchen unvergeßlichen Eindruck auf ihn unter Anderem die Geschichte „Karl's von Karlsberg" gemacht habe. Und wenn man bei kleineren Ausflügen, die mit den jüngsten Knaben unternommen wurden, unserem Ritter die Leitung anvertraute, so konnte man nicht blos einer sehr verständigen und gewissenhaften Durchführung gewiß sein, sondern auch einer angenehmen, belebenden Unterhaltung des jungen Volkes, deren Rottenführer es vortrefflich verstand, muntere Spiele anzuordnen und anziehende Geschichten zu erzählen. So war der junge Ritter unvermerkt schon in den Kreis der Mitarbeiter des Instituts mit eingetreten, und diese Beschäftigung gewährte ihm, wie überhaupt das Nachdenken über das Erziehungswesen, große Freude. Auch war es ihm stets ein hoher Genuß, wenn er zuhören konnte, wie Salzmann sich über diesen Punkt mit seinen Mitarbeitern berieth und gegenseitig Ansichten darüber ausgetauscht wurden. Kein Wunder daher, daß eines Tages der junge Ritter mit dem lebhaften Wunsche hervortrat, studiren zu wollen. Gutsmuths, dem er sein Anliegen mittheilte, war Anfangs betroffen und meinte, die Sache sei wol nur ein flüchtiger Gedanke. Durch weiteres Nachfragen überzeugte er sich aber bald, daß der ausgesprochene Wunsch ein Ergebniß reifer Ueberlegung seines Zöglings sei. Sein Karl wollte das Erziehungsfach zu seinem Lebensberuf wählen und dachte ganz richtig, daß man sich dazu tüchtig machen müsse durch ein gründliches Studium auf der Universität.

Als aber Gutsmuths den Wunsch seines Pfleglings dem Vater Salzmann mittheilte, erschien dieser nicht blos überrascht, sondern brach sogar in förmliche Entrüstung aus. „Der Junge ist unvernünftig", rief Salzmann, „ganz und gar unvernünftig. Und Sie, Freund Gutsmuths, scheinen es ebenfalls, sonst nähmen Sie sich seiner nicht an. Studiren ohne Neigung, ohne Befähigung zu den alten klassischen Sprachen! — Hat Einer je schon einen solchen Widersinn erlebt? — Nein, nein, daraus kann nie Etwas werden. Der junge Mensch hat Beruf zum Maler, Kupferstecher, Architekten, obgleich er auch als solcher nie Großes erreichen wird; aber zum Studiren taugt er ganz und gar nicht. Und was in aller Welt will er denn studiren?" — Gutsmuths war durch diese harten Worte tief verletzt, doch hütete er sich, es merken zu lassen, und antwortete zunächst auf die letzte Frage. „Er will sich auf der Universität, ähnlich wie Sie und ich, zum Erzieher der Jugend ausbilden. Ich wüßte doch gerade nicht, daß hierzu ein umfangreiches Wissen im Lateinischen und Griechischen erforderlich wäre. Für das Erziehungsfach hat er Lust, und Sie selbst haben es mehr als ein Mal als Ihren obersten pädagogischen Grundsatz hingestellt, daß man eine solche Neigung nie unterdrücken, sondern so viel als möglich unterstützen müsse."

— „Aber nur, wenn sie vernünftig ist", fiel Salzmann schon etwas ruhiger geworden ein. — „Na, für unvernünftig kann ich sie wenigstens nicht halten," bemerkte Gutsmuths, „und wenn ich nicht irre, auch Sie nicht. Denn ich hab's wiederholt aus Ihrem Munde gehört, daß Sie den Karl scherzweise Ihren jungen Erzieher genannt haben und sich freuten, wenn er seine Sache auf Reisen gut gemacht hatte.'

Obgleich diese Unterredung einen sehr heftigen Anfang genommen hatte, so führte ihr Schluß doch eine sehr friedliche Einigung herbei. Man wollte Ritter's Wunsch nicht ohne Weiteres gewähren, aber auch nicht entschieden abweisen, sondern das Ganze davon abhängig machen, ob er wol im Stande sei, sich das erforderliche Wissen im Lateinischen und Griechischen durch eigenen Fleiß und gute Hülfe nachträglich anzueignen.

Als nun Ritter das Ergebniß der Berathung vernahm, erhielt seine Neigung zum Studiren einen noch weit erhöhten Reiz. Er sah darin jetzt das Ziel seines höchsten Lebensglückes und faßte sogleich den festen Vorsatz, die zunächst gestellte Bedingung zu erfüllen. Mit andauerndem treuen Fleiße trieb er fortan Lateinisch und Griechisch, und in verhältnißmäßig kurzer Zeit hatte er sich so vortrefflich in beide Sprachen hineingearbeitet, daß von dieser Seite kein Hinderniß mehr im Wege stand.

Jetzt aber kam der wichtigste Punkt, die Herbeischaffung der Mittel zum Studiren, in Frage. Die Mutter hatte sich 1788 wieder verheirathet und war die Frau des Oberpfarrers Zerrenner zu Halberstadt geworden. Zwar hatte ihre mütterliche Liebe zu ihrem Karl darunter nicht gelitten, aber sie vermochte ihm doch nur geringe Unterstützung zu schaffen, obschon ihre Lage nicht mehr so drückend wie früher war. Der Stiefvater, ein ganz vortrefflicher Mann, versprach dem jungen Ritter behülflich zu sein, so weit es nur in seinen Kräften stünde; er besaß indeß gar kein Vermögen und war nur auf seine Gehaltseinnahme angewiesen. Von dieser Seite konnten also die Kosten des Studirens nicht bestritten werden. Da war es nun wieder der wackere Gutsmuths, welcher es sich vor Allen angelegen sein ließ, Mittel und Wege aufzusuchen, damit der sehnsüchtige Wunsch seines geliebten Schützlings in Erfüllung gehen könnte. Er bemühte sich um die Gewährung von Stipendien für seinen Pflegling und unterstützte die Bewerbungen durch seine wärmste persönliche Fürsprache bei Fürsten, Patronen und Behörden. Sein warmer Eifer blieb auch nicht ohne allen Erfolg, aber immer noch fehlte Vieles zur völlig befriedigenden Erreichung des Zweckes. Bei den vielfachen Bemühungen um Hülfsmittel für das Studium war Gutsmuths auch zu dem reichen Banquier Hollweg in Frankfurt am Main, dem Chef des schon damals weltberühmten Hauses Bethmann und Compagnie, gekommen. Dieser Mann, welcher sonst fast nur mit Geldgeschäften zu thun hatte, wurde durch die liebevolle, väterliche Fürsprache unseres Gutsmuths für seinen Pflegling tief bewegt und entschloß sich, mit Rücksicht auf seine zwei Söhne, die allerdings noch Kinder waren, zu einem für Ritter's Zukunft entscheidenden Plane. Er versprach nämlich, sich des verwaisten Karl Ritter anzunehmen und ihn studiren zu lassen, vorausgesetzt, daß derselbe sich anheischig machen wolle, nach seinem Abgange von der Universität der Informator seiner Söhne zu werden. Doch sollte derselbe vorerst sich persönlich bei ihm einfinden und sich ihm vorstellen. Mit dieser glücklichen Aussicht für seinen Pflegling machte sich Gutsmuths frohen Herzens auf den Heimweg und brachte ganz Schnepfenthal in freudige Aufregung, als er den Erfolg seiner Reise verkündete.

Mutter Salzmann ließ es nun an sauberer Wäsche und neuen Kleidungsstücken nicht fehlen, und Vater Salzmann fügte zu den Verhaltungsregeln, welche Gutsmuths schon im reichsten Maße gegeben hatte, noch die seinigen hinzu. „Nun reise mit Gott, mein Sohn," sagte er voll Rührung zu Karl Ritter, als dieser sich zur Abfahrt nach Frankfurt aufschickte. „Du machst jetzt Deinen ersten ernsten Weg in's Leben. Zeige Dich wahr und offen, ganz wie Du bist; antworte auf Dir vorgelegte Fragen mit Unbefangenheit und verständiger Ueberlegung. Beherrsche Deine Schüchternheit und laß Dich von Deiner oft übergroßen Bescheidenheit nicht unterdrücken. Du hast Deine Pflicht stets so treu und redlich erfüllt und in jeder Hinsicht ein so lobenswerthes Ziel erreicht, daß Du mit gutem Gewissen auch etwas Selbstvertrauen an den Tag legen kannst. So, nun gehe mit Gott! Unsere besten Wünsche begleiten Dich."

Karl Ritter traf in Frankfurt ein und bei seinem Besuche waren Herr und Frau Hollweg beide gegenwärtig. Allerdings machte im ersten Augenblick sein langes rothes Haar und das breite Gesicht voll bäurisch derber Züge nicht gerade den günstigsten Eindruck. Dagegen verfehlte das blühende, überall auf Gesundheit und Frische deutende Aeußere seine gute Wirkung keineswegs. Vor Allem zog indeß die ungewöhnliche Größe und Kräftigkeit des Jünglings die Aufmerksamkeit des prüfenden Ehepaares an, und man war ganz überrascht, als er angab, daß er erst siebzehn Jahre zähle. In einfachen, unbefangenen Worten erörterte Ritter, daß die Erziehungsgrundsätze zu Schnepfenthal solche erfreuliche Folgen herbeiführten, denn man lebe dort ganz in der freien Natur und erstrebe in der geistigen wie körperlichen Entwicklung des Menschen eine frische, freie, fromme und fröhliche Natur als das höchste Ziel der Jugenderziehung. Da diese Aeußerungen mit warmer Begeisterung und unumstößlicher Ueberzeugung vorgetragen wurden, so verfehlten sie auch ihre gute Wirkung nicht. Besonders hatte Ritter dadurch Frau Hollweg ganz für sich eingenommen, welche einen lebhaften Antheil an der neueren Jugenderziehung bekundete und schon Vieles darüber gelesen hatte, was in demselben Geiste entwickelt war. Das Gespräch kam somit auf ein Gebiet, in welchem unser Ritter gleichsam lebte und webte, und die verständige Einsicht und Herzlichkeit des jungen Mannes machte keinen geringeren Eindruck als das zugleich bescheidene und doch zuversichtliche Auftreten desselben. Die Sache kam somit rasch zu einem erwünschten Abschluß: das Hollweg'sche Ehepaar wählte Karl Ritter zum künftigen Erzieher ihrer beiden Söhne und verpflichtete sich, die Kosten seines Studiums tragen zu wollen.

Ein gediegener und hoffnungsvoller Grund war für Ritter's Zukunft gelegt.

Gutsmuths hatte eine große, herzliche Freude; war doch das Glück seines Zöglings auch das seine! Und Vater Salzmann drückte seinem Sohne die Hand, als wolle er ihm Dank sagen für das wahre und gewiß auch folgenreiche Wort, das er seinem Institute geredet habe.

Von allen Seiten ward jetzt Hand angelegt, die Vorbildung unseres Ritter zum Universitätsstudium in gediegenster Weise zu vollenden. Man wünschte, daß er auch als Student der Schnepfenthaler Erziehung Ehre machen möchte. Bisher war aus Schnepfenthal noch kein zum Besuch der Hochschule ausgebildeter Zögling hervorgegangen. Es lag aber ganz in den Ansichten und Bestrebungen Salzmann's, der Welt zu zeigen, wie sein Institut auch auf diese höchste Bildungsrichtung würdig vorzubereiten geeignet sei.

In der Wahl der Universität stimmte Karl für Halle, weil sein väterlicher Freund Gutsmuths daselbst studirt und von dieser Musenstadt nie anders als mit hoher Begeisterung gesprochen hatte. „Die glücklichsten Jahre meines Lebens", sagte Gutsmuths, „habe ich in Halle verlebt." Ein solcher Ausspruch dürfte indeß auf jede andere Universitätsstadt passen und bezieht sich eigentlich nur auf die glückliche Zeit der Jugend, wo die Freiheit des Lebens noch den ersten frischen Reiz besitzt, der Blick in die Zukunft noch mit dem ungetrübten Lichte jugendlicher Poesie erleuchtet wird und der junge Student vertrauensvoll noch mit allen Studiengenossen Eins zu sein wähnt im Streben nach dem Guten, Schönen und Erhabenen. Gutsmuths labte sich mit ganzer Seele an diesen schönen Erinnerungen und unser Karl Ritter dachte mit Entzücken an die bevorstehende glückliche Zeit, die er sich in den anlockendsten Farben ausmalte. Doch als der Tag der Trennung kam, erwachte in seinem Herzen plötzlich eine ganz eigenthümliche Wehmuth. Das geliebte Schnepfenthal mit all' seinen Freunden und Freuden zu verlassen that ihm wirklich wehe und er fühlte lebhaft, wie sehr es ihm durch den zehnjährigen Aufenthalt an's Herz gewachsen. In aufrichtigster Absicht gab er gern das feste Versprechen, dereinst wieder zu kommen und dann auf immer dort bleiben zu wollen. Das Schicksal entschied indeß anders.

Im Anfang machte das Universitätsleben in Halle auf ihn nicht den Eindruck, welchen er sich wol davon versprochen hatte. In Schnepfenthal herrschte Reinlichkeit, frische Bergluft und heiteres Umhertummeln in der freien Natur; dies Alles sollte er nun auf einmal mit dem damals noch sehr schmutzigen und engen Halle vertauschen. Der Gegensatz war zu grell, und er fühlte sich unbehaglich, ja es stellte sich sogar ein Anflug von Heimweh bei ihm ein. Die Studenten erwitterten in dem Schnepfenthaler Anzug und in dem ländlichen Auftreten gar bald den Fuchs; sie ließen es nicht an allerlei lauten Spitzreden und beißenden Titeln fehlen, worunter „Kameel" und „Maulesel" am häufigsten zu hören waren; ja man sah ihn nicht selten frech, scharf prüfend und starr in's Gesicht. Er klagte darüber seine Noth und erhielt von zu Hause den Rath, sich einen Studenten-Anzug anzuschaffen und überhaupt ein fröhlicher, flotter Bursch zu werden. Es sei nicht gut, Alles nur nach dem einseitigen Schnepfenthaler

Maßstabe messen und beurtheilen zu wollen; wer nicht als Sonderling erscheinen wolle, müsse sich in alle Verhältnisse zu schicken wissen. Ritter wurde nun sehr bald durch Tracht und Benehmen ein Hallenser Student. Da verlor sich alsbald die lästige Bespöttelung und das noch lästigere Begaffen. Auf der Universität war zu jener Zeit Friedrich August Wolf der allgemein bewunderte Stern erster Größe. Seine Vorlesungen über das klassische Alterthum erschienen unserm Ritter aber zu streng philologisch, und er fühlte sich nicht davon angezogen. Johann Reinhold Forster, der berühmte Weltumsegler, wäre sicher der Mann für Karl Ritter gewesen, er war aber durch Krankheit behindert zu lesen und starb bald darauf. Ritter studirte indeß um so fleißiger die durch Georg Forster, den geistreichen Sohn, in deutscher Bearbeitung herausgegebenen „Beobachtungen auf einer Reise um die Welt", sowie die „Geschichte der Schifffahrt und Entdeckungen im Norden" von dem verstorbenen großen Meister der Naturkunde. Die Zahlenübersichten und völkerbeschreibenden Vorlesungen Sprengel's, eines Schülers und Schwiegersohnes des alten Forster, zogen ihn in hohem Grade an. Er fühlte, daß sich dadurch sein Wissen rasch erweiterte und bedauerte nur, daß ihm die Gelegenheit fehlte, das Gelernte auch gleich wieder lehren zu können, woran er sich in Schnepfenthal gewöhnt hatte. Denn er war gar zu gern Schüler und Schulmeister zugleich. Uebrigens trieb er auch Geschichte, Physik und die neueren Sprachen mit dem regsten Eifer und befriedigendem Erfolge. Auf ein eigentliches Fachstudium richtete sich indeß sein Wissen noch nicht, womit auch seine väterlichen Freunde in Schnepfenthal ganz einverstanden waren, die stets an den künftigen Mitarbeiter ihres Instituts dachten. Er trieb daher, wie er es bisher gewohnt war, stets nur Das, wozu er den lebhaftesten Wissensdurst verspürte, und dachte nicht daran, sich ein sogenanntes Brodstudium anzueignen. Das ganze Treiben auf der Universität sah er als eine passende Anregung zur Gymnastik der Seele an und beklagte es sehr, daß für die Körperbildung nicht eine eben so günstige Gelegenheit vorhanden war.

Im Jahre 1798 hatten seine ersten Universitätsstudien schon ihr Ende erreicht. Halle war ihm wegen der vielfachen Anregung zu wissenschaftlichen Forschungen nach und nach lieb geworden, und es ward ihm zuletzt ordentlich schwer, sich davon zu trennen. Man hielt aber sein Erscheinen in Frankfurt für dringend nothwendig, und seine Aufnahme im Hollweg'schen Hause daselbst war durchaus herzlich. Einen besonders günstigen Eindruck machte auf unseren Ritter Herr Hollweg selbst durch sein schlichtes, gerades Auftreten und durch sein offenes Vertrauen, mit dem er ihm entgegenkam. Dieser Mann war allerdings, im Bewußtsein großen Reichthums, in seinem Auftreten ungemein zuversichtlich, aber doch nicht gerade in unangenehmer Weise selbststolz. Seine Bildung beschränkte sich im Großen und Ganzen auf seinen Geschäftskreis; hierin aber war er ganz zu Hause und wünschte nichts sehnlicher, als daß seine Söhne recht tüchtig für sein Geschäft vorgebildet werden möchten. Frau Hollweg hatte jedoch weit höher gehende Pläne; sie schmeichelte sich mit der Hoffnung, daß unser Ritter die Kinder für das Studiren gewinnen könnte, damit sie, ihrem künftigen Vermögen entsprechend, auch in Hinsicht der Bildung sich zu den höchsten Ständen gesellen könnten. Sie hatte viel gelesen und war durch persönlichen Verkehr mit großen Gelehrten geistig mehr gehoben als ihr Gatte. So fühlte sie sich auch dazu berufen, ein entscheidendes Wort über die Erziehung ihrer Söhne mit zu reden. Uebrigens war sie eine eben so verständige wie zärtliche Mutter und wünschte von ganzem Herzen, daß die Erziehung sich auf eine harmonische Bildung von Kopf, Herz und Körper beziehen möchte. Ritter kam ihr in diesen Wünschen nur entgegen; seine Erziehungs=Grundsätze stimmten vortrefflich mit ihren Anschauungen überein. Schwerer ward es ihm freilich, die Mutter zu überzeugen, daß die Kleinen sich schon früh an Entsagung und Abhärtung gewöhnen müßten. Wozu solche Tugenden künstlich einüben, meinte sie, da der Himmel so gütig für ihre Kinder gesorgt und sie eher mit Ueberfluß als mit Mangel an irdischen Gütern versehen habe? In diesem Punkte merkte Ritter gar bald das Nutzlose eines bloßen Wortkampfes und nahm sich deshalb vor, seinen für unumgänglich nothwendig erachteten Zweck theils durch den richtig geleiteten Willen der Kinder, theils durch sein eigenes Beispiel zu erreichen. Glücklicher Weise war ihm diese Aufgabe dadurch wesentlich erleichtert, daß man ihm in der Wahl der Erziehungsmittel volles Vertrauen schenkte und ganz freie Hand ließ. Der älteste Zögling, Philipp, war sieben Jahre alt; der zweite, August, zählte erst vier Jahre. In beiden bildete Herzensgüte und leichte Fügsamkeit den Grundcharakter, aus welchem heraus sich bald ein festes Band der innigsten Liebe zu unserem Ritter entwickelte. Der eigentliche Unterricht dauerte täglich nur zwei Stunden, von 10 bis 12 Uhr Morgens, woran sich ein mit Belehrung oder Belustigung verknüpfter Spaziergang in's Freie anschloß, oder bei ungünstigem Wetter ein Umhertummeln im Turnsaale. Gegen drei Uhr ging man zu Tische. Nachher wurde meist gar nicht mehr mit dem Kopfe gearbeitet: Ritter bestellte dann mit den Kleinen den Garten, ging mit ihnen zum Baden, zum Fechten, zum Turnen; er war in Allem ihr Gefährte, ihr Spielkamerad und, ohne daß sie es merkten, ihr Erzieher. Es dauerte gar nicht lange, so hingen die Kleinen mit großer Liebe und Hochachtung an ihrem Informator, und die Eltern segneten das Glück ihrer so erfolgreichen Wahl. Das Ganze erhielt sich im besten Einvernehmen und entwickelte sich immermehr zur gegenseitigen Befriedigung.

Die reiche Familie Hollweg fühlte sich berufen, ein Haus zu machen, und gab daher öfters recht glänzende Gesellschaften. Hierbei hielt man es aber nicht der Mühe werth, Rücksicht auf Ritter zu nehmen, und er ward nie mit eingeladen. Diese anscheinende Zurücksetzung verletzte ihn, denn er war der Meinung, daß der Mann, welchem das wichtigste Amt der Familie, die Erziehung der Kinder, anvertraut sei, auch bei den Gelegenheiten, wo sich das Familienhaus in vollem Glanze zeige, nicht fehlen dürfe. Kurz, er glaubte es der Ehre seines Amtes schuldig zu sein, an den Gesellschaften Theil zu nehmen. Viele Worte wollte er indeß darum nicht verlieren, und so erschien er einst ganz ungebeten in einer solchen Gesellschaft, was jedoch eine eigenthümliche Ueberraschung hervorrief. Man zählte nämlich den Hauslehrer mit in die Klasse der Commis, denen die Berechtigung zur Theilnahme an den Gesellschaften damals ganz abging. Selbst Herr und Frau Hollweg blickten auf Ritter's dreistes Erscheinen nicht ohne Befremden, sie waren indeß zartfühlend genug, die Sache mit Stillschweigen hingehen zu lassen. Ritter ließ sich nicht irre machen, der Versuch ward zum zweiten und dritten Male wiederholt, und er hatte die Freude zu bemerken, daß man seine Theilnahme allmälig für wohlberechtigt ansah. Diese Mittags- und Abend-Gesellschaften behielten aber nicht lange Interesse für Ritter; er fand sie im Allgemeinen sehr langweilig, und sie zogen ihn zuletzt nur dann an, wenn sie zur Ehre berühmter durchreisender Gelehrten, Künstler und Staatsmänner veranstaltet wurden. Hier hatte er Gelegenheit, mit Goethe, Alexander v. Humboldt und noch anderen Berühmtheiten persönlich bekannt zu werden. Der Verkehr mit solchen Geistern war für Ritter ein Hochgenuß, und Herr wie Frau Hollweg bemerkten es sehr gern, daß ihre berühmten Besucher sich fast immer mit lebhaftem Interesse an Ritter wandten und unverkennbares Gefallen an der Unterhaltung mit dem geistreichen jungen Manne fanden. Im Uebrigen wurde, wenn auswärtiger Besuch fehlte, gewöhnlich Karte gespielt, woran sich indeß Ritter eben so wenig betheiligte, als er sich bei Tische in das Gespräch der etwa eingeladenen reichen Kaufleute viel mischte, die meist nur vom Geschäft und den Kriegsunruhen sprachen und dabei mitunter an dem armen Hauslehrer ihren Hochmuth ausließen. Wie wenig aber dies unfeine Benehmen unseren Ritter demüthigte, geht aus folgender Stelle eines Briefes an Gutsmuths hervor. „Es giebt Zeiten", schrieb er, „wo sich der Dünkel in meinem Kopf einnistet; dann glaube ich noch immer ein großer Mann zu werden. So eben kam ich herauf und krieche voll Demuth auf der Erde zusammen und denke mir, wie klein ich eben in der Gesellschaft war — wie groß ich aber hier auf der Stube bin — — ich weiß, größer als mehrere der Herren, die noch jetzt nach zwölf Uhr unten in der Stube Karte spielen!"

Im Jahre 1800 vernahm Ritter mit betrübtem Herzen den Tod seiner geliebten Mutter. Seit der Zeit seines Aufenthalts in Schnepfenthal hatte er sie nur von Halle aus besuchen können. Er fühlte den Verlust sehr tief, indeß mehr durch den Gedanken an sein verwaistes Alleinstehen in der Welt, als durch das Auflösen des Familienbandes, welches durch sein frühes Weggehen vom Vaterhause ja schon lange etwas locker geworden war. Sein Stiefvater blieb ihm mit achtungswerther Freundlichkeit zugethan und gab ihm manchen sehr wohlgemeinten Rath, aber Ritter fühlte sich lange nicht so kindlich zu diesem hingezogen wie zu seinem herzlich geliebten Gutsmuths.

Der Wirkungskreis im Hollweg'schen Hause gefiel unserm Ritter übrigens ganz vortrefflich, da er hier im Laufe der Zeit wirklich Erfolge erzielte. Er fühlte sich dort glücklich, heimatlich zufrieden, und auch seine Pfleglinge entwickelten sich geistig und körperlich zur Freude der Eltern.

Auf die Alp!

Im Laufe der Jahre kam aber allmälig die Zeit heran, wo die Jünglinge auch die große Welt sehen sollten. Man dachte zunächst an eine Reise in die Schweiz, und verschiedene Vorbereitungen dazu wurden durch das emsige Studiren des an Naturschönheiten so reichen Landes getroffen; man entwarf sich Karten und Reisepläne und lebte in der zuversichtlichsten Hoffnung der baldigen Ausführung. Die Sache verzögerte sich aber, hauptsächlich durch die neu erwachten Sorgen bei der Rückkehr Napoleon's aus Aegypten. Als erster Konsul an die Spitze der überall gefürchteten Französischen Republik getreten, hatte er England den Krieg erklärt, Italien, Tyrol und die Schweiz unter Frankreichs Botmäßigkeit gebracht und drohte nun auch mit einem kriegerischen Einfall in Deutschland. Das war eine weltgeschichtliche große Zeit, welcher Ritter die höchste Aufmerksamkeit schenkte.

Sie führte aber auch für seine eigenen Zwecke manches Gute herbei. Er sah den platten Geldstolz, gegen den er bisher fast vergeblich angekämpft hatte, auf einmal völlig gebemüthigt. Man begriff die Vergänglichkeit alles Reichthums und war überzeugt, daß man jetzt für die Erziehung der Jugend mehr leisten müsse und daß es Pflicht sei, sich abzuhärten und an Entbehrungen zu gewöhnen, sowie den Kindern ein sicheres Wissen und Können beizubringen, damit sie im Stande wären, sich durch Kopf und Hand selbst den Unterhalt zu verschaffen. „Seit auch Fürsten, Grafen und andere vornehme Leute das Unglück nicht abwenden konnten," schrieb damals Ritter an seinen Stiefvater Zerrenner, „und seit man Alles der erbärmlichen Erziehung zuschrieb, seitdem sollen nun meine Zöglinge sich selbst recht ausbilden. Vorher war das Alles nicht nöthig, aber jetzt, nach der Schlacht bei Ulm, ruft man ihnen alle Tage zu, jetzt muß man seinen Kopf bilden. Das ist das Einzige, was bleibt; was wir darin besitzen, kann uns nicht genommen werden." Nachdem jedoch zu Weihnachten 1805 der Friede von Preßburg zu Stande gekommen war, athmete man auch in Frankfurt wieder frei auf. Man hatte wieder Ohr für die verschobene Schweizerreise, und Ritter ließ sich von Genf mehrere Höhenkarten der Alpen, in Gyps und Wachs modellirt, kommen, damit er daran mit seinen Zöglingen die Gebirgsvorstudien machen konnte.

Im Sommer 1806 wurde die Reise ausgeführt. Ritter machte hier zunächst die interessante Bekanntschaft von Bernhard Studer und Wyttenbach, welche besonders für seine späteren geographischen Studien besondere Anregung auf ihn übten. Dann lernte er den weltberühmten Pestalozzi in Jfferten kennen, von dessen Erziehungs-Grundsätzen er hoch begeistert war. Der viel geprüfte und vielfach angefeindete Mann hatte seit 1805 endlich eine ruhige Heimat im alten Schlosse gefunden und war froh, der Welt nun durch die That zeigen zu können, was er wollte. Unsern Ritter nahm er mit herzlicher Freude auf und hörte mit Entzücken von den guten Erfolgen in Schnepfenthal. „Ja, mein junger Freund," rief er begeistert aus, „es ist ein edles, hohes Amt, was Ihnen der gütige Himmel beschert hat; bleiben Sie fest und stark in Ihrem Berufe. Erziehen Sie diese jungen Menschen zu wirklichen Menschen, welche frei und mit innerer Ueberzeugung selbständig das Gute wählen und vollbringen können; erziehen Sie dieselben zu vernünftigen, edlen Menschen und Menschenfreunden!"

Das war ein bedeutungsvolles Zusammentreffen für unseren Ritter. Er stand schon gerüstet auf dem Wege, in gedachtem Sinne ein Erzieher der Jugend, ein Pädagog im Geiste Salzmann's und Pestalozzi's zu werden. Doch das Schicksal wollte es anders und rief ihn bald auf eine davon ganz verschiedene Bahn, die ihn zu einem noch höheren Ziele führen sollte.

Die Naturschönheiten in den Gebirgen, Thälern und Seen, an den Gesteinen, Pflanzen und Thieren, in den Sitten und Gebräuchen der Alpenbewohner machten einen außerordentlichen Eindruck auf das empfängliche Gemüth unseres Ritter wie auf seine nicht minder empfänglichen Zöglinge. Waren ihre Erwartungen von der schönen Schweiz auch noch so groß gewesen, sie fanden doch unendlich viel mehr, als sie sich geträumt hatten. Mit solchen Eindrücken kehrten sie heim und entzückten die glücklichen Eltern durch ihre begeisterten Schilderungen. Sie waren eben damit beschäftigt, die Notizen ihrer Tagebücher zu verarbeiten, als der damals schon weltberühmte Alexander v. Humboldt nach Frankfurt kam, um Vorträge über Steppen und Wüsten zu halten. Er wohnte im Hollweg'schen Hause und zeigte sich höchst liebenswürdig gegen unsern Ritter, in welchem er sogleich einen beachtenswerthen Geistesverwandten erkannte. Ritter schrieb an seinen geliebten Gutsmuths mit der ganzen Fülle eines durch und durch beglückten Gemüthes. Er pries den staunenswerthen Reichthum, die Mannichfaltigkeit und Gediegenheit des Wissens, die Anmuth des Charakters und das Fesselnde in dem Vortrage und Umgange dieses einzig dastehenden Gelehrten. „Du siehst leicht", rief er aus, „wie ich diese Tage hindurch für alles Andere verloren sein, und alle meine Zeit nur ihm und dem Andenken an ihn gehören mußte. Noch nie wurde von irgend einer Gegend ein so anschauliches, in sich vollkommenes Bild in mir erweckt, als durch Humboldt in mir von den Cordilleren entstand. Ich hatte desto mehr Berührungspunkte mit ihm, als ich alle seine herausgekommenen Werke mit einer Art von Heißhunger verschlungen hatte." — Damit begann nun unseres Ritter Bekanntschaft mit dem größten geographischen Naturforscher dieses Jahrhunderts. Sie bestand ursprünglich in einer anstaunenden Verehrung des großen Mannes, wurde aber bald zu einem Vorbilde der eifrigsten Nachahmung, und schloß mit einer innigen Befreundung und gegenseitigen Hochschätzung beider großen Geister, welche bis an ihr hohes Lebensende ganz ungetrübt fortbestand. Damals bildete sich auch in Ritter die erste Grundlage zur Idee einer naturwissenschaftlichen Erdkunde, welche er von nun an mit der feurigsten Begeisterung sein ganzes Leben hindurch verfolgte. Nichts stand ihm jetzt höher, als eine Erforschung der Natur des Erdganzen im Geiste und im Plane eines Alexander v. Humboldt. Durch all' sein Lesen, Forschen, Lernen, Lehren und Erziehen zog sich dieser höchste Zweck. „Die Erde und ihre Bewohner", sagte er, „stehen in unzertrennlicher Wechselbeziehung; das Eine bildet die Grundlage des Anderen." Und die Familie Hollweg war sehr damit einverstanden, daß ihr überall gepriesener Informator den Söhnen eine Weltanschauung, eine Völkerkunde beibrachte, wie sie von dem gefeierten Alexander v. Humboldt auf das Wärmste empfohlen wurde; sie scheute daher auch keine Kosten zur Herbeischaffung der besten Lehrmittel.

Im Jahre 1808 kam tiefe Trauer in das Hollweg'sche Haus; der Familienvater ging in die Ewigkeit. Die Wittwe bat Ritter auf das Herzlichste, ihr auch ferner beizustehen in der Erziehung ihrer Söhne. Ritter war, da er die Knaben ungemein lieb gewonnen hatte, ganz damit einverstanden. Bald verabredete man auch eine nochmalige Reise in die Schweiz und führte sie im Sommer des nächsten Jahres (1809) aus. Diesmal traf Ritter, der auch Pestalozzi wieder in Ifferten gesprochen hatte, mit Leopold von Buch, dem großen Geologen und Weltreisenden, zusammen, welcher durch seinen Freund Humboldt schon Kunde über Ritter erhalten hatte. Das war ein Mann von ganz anderer, fast wunderlicher Persönlichkeit, aber dennoch nicht minder begeistert für die Erdkunde wie Alexander von Humboldt. Er besaß und beherrschte ein sehr großes Wissen, einen Reichthum ganz neuer Ideen und nahm für sich ein, obschon er durch äußere Beredtsamkeit und feines Benehmen sich gerade nicht auszeichnete. Ritter erkannte sogleich den gediegenen Kern in der rauhen Schale und wußte den Mann vortrefflich zu behandeln, so daß auch von dieser Seite der Grund zu einer dauernden Freundschaft gelegt ward.

Nun fing Ritter seinerseits an, in seinem Fache als Schriftsteller aufzutreten, und zwar arbeitete er an einem Handbuche der physischen Geographie. Vorbereitet wurde das Unternehmen durch den vom Publikum sehr beifällig aufgenommenen Versuch eines schon früher erschienenen Atlas von Europa in sechs Blättern. Die Liebe zu seiner schriftstellerischen Arbeit steigerte sich um so höher, je weiter sich Ritter in dieselbe hineinlebte. Es wurde ihm klar, daß diese naturwissenschaftliche Seite der Erdkunde noch gar nicht mit der Gründlichkeit, die ihr gebühre, behandelt worden sei. Die Abhängigkeit der Flüsse von der Lage und Höhe der Gebirge, die Ursachen und Gesetze des Meeres= wie der Luftbewegungen, der Wärme und Regenvertheilung, gaben ihm ganz neue Ideen über Klima, Handelsverkehr und andere Verhältnisse auf der Erde. „Auf diese Weise", schrieb er an seinen Vater Zerrenner, „erhielt selbst jeder hohe Gebirgspaß als Passage, jeder Wasserfall zur ersten Ansiedelung, jedes Vorgebirge zur ersten Kolonie, jede Ebbe und Flut in ihrem tiefen Hinuntersteigen in die Flußgebiete als erster Antrieb zur Seeschifffahrt u. s. w. seine historische Bedeutung. Mein System beruht nicht auf Erörterung, sondern auf Thatsachen." — Diese Anschauung hatte er schon in der Schweiz gegen den originellen Leopold von Buch ausgesprochen, der darüber so erfreut war, daß er dem geistreichen jungen Gelehrten auf das Freundlichste verschiedene handschriftliche Mittheilungen zur freien Benutzung anvertraute. „Denken Sie sich, wie glücklich ich bin!" schrieb Ritter an seinen Stiefvater; „dieser große Naturforscher und Physiker, der einem v. Humboldt, dessen vertrauter Freund er ist, die Wage hält, hat sich so sehr für meine physische Geographie interessirt, daß er mir seinen ganzen Reichthum an Manuskripten und Arbeiten in diesem Fache freundschaftlich mitzutheilen versprochen hat. In einigen Tagen kommt er von Paris hier durch. Ich erwarte ihn mit Ungeduld."

Als endlich Ritter seinen Entwurf zur allgemeinen physischen Geographie vollendet hatte, übersandte er denselben seinem Gönner Leopold v. Buch zur Prüfung. Dieser antwortete sogleich, er hätte sich sehr über das Werk gefreut; nur rieth er, den physischen Theil noch um ein Bedeutendes zu erweitern, und machte darauf aufmerksam, daß die geologische Seite nicht genau den durch ihn und von Humboldt vertretenen neuesten Ansichten angepaßt sei. In diesem Punkte sei er gern erbötig zu helfen. Ritter gab daher das Ganze noch nicht heraus, sondern begnügte sich vorläufig mit der Veröffentlichung seiner Ideen und der Durchführung einzelner Theile.

Inzwischen waren die jungen Hollwegs zu Jünglingen von 19 und 16 Jahren herangewachsen. Man hielt es für nöthig, daß sie durch größere Reisen und durch den Aufenthalt auf höheren Bildungsanstalten sich tüchtig machten für das praktische Leben. Zunächst wurde Genf gewählt, damit sie sich die französische Sprache aneignen möchten, welche damals in Deutschland zur feinen Bildung für unumgänglich erachtet wurde. Die Reise nahm im Frühjahr 1810 ihren Anfang.

Neben Philipp und August Hollweg ging auch Wilhelm Sömmering unter Ritter's Aufsicht mit nach Genf. Er war der Sohn des damals weltberühmten Physiologen Sömmering aus München, der nach Aufhebung der Universität Mainz eine Zeitlang in Frankfurt gelebt hatte und dort mit unserm Ritter bekannt geworden war. Der Vater Sömmering hatte seinem Sohne den von ihm so eben erfundenen elektrischen Telegraphen-Apparat mitgegeben, um ihn dem Professor Pictet zur Prüfung vorzulegen. Diese Erfindung erregte ein sehr großes Aufsehen, und alle Welt wollte die Versuche mit eigenen Augen sehen. Der junge Sömmering war sehr geschickt im Experimentiren, aber die Sache wurde ihm zuletzt doch lästig, und er meinte, man halte ihn in Genf für einen Savoyarden, der in dem Telegraphen sein Murmelthier zur Schau stelle. Gleichwol hatte die Sache ihr Gutes. Ritter mit seinen drei liebenswürdigen Zöglingen wurde rasch in den höheren Kreisen der Gesellschaft bekannt. Unter Anderen zeichnete sich damals Frau v. Staël aus, welche ein großes Haus machte und sich an dem Besuche berühmter Gelehrten und Künstler erfreute. Bei ihr hatte unser Ritter mit seinen Zöglingen stets freien Zutritt. Sie war entzückt über die gründliche deutsche Bildung und über die geraden und offenen deutschen Charaktere. Der Verkehr mit dem jüngeren Saussure und seinem Reisegefährten sagte unserm Ritter ganz besonders zu, weil er dadurch reichen Stoff für seine physische Geographie einerntete. Ferner benutzte er den Aufenthalt in Genf zu allerlei Fachstudien, welche ihm später sehr förderlich waren. Dort erfuhr er auch die betrübende Nachricht, daß sein väterlicher Freund Salzmann am 31. Oktober 1811 gestorben sei. Dieser Trauerfall erschütterte ihn um so mehr, als er nun außer Gutsmuths kaum noch Jemand hatte, zu dem er in näherer Familienbeziehung stand. Doch er war jetzt ein Mann von 32 Jahren; so wußte er sich mit Ruhe hineinzufinden, daß er von nun an ganz selbständig durch's Leben zu gehen habe.

Sein Pflegling Philipp war nur ein Jahr in Genf geblieben und hatte dann eine Stelle in St. Petersburg in einem mit dem Bethmann'schen Geschäfte eng verbundenen Hause angenommen, um sich praktisch zur Uebernahme des Geschäftes in Frankfurt vorzubereiten. Das russische Klima sagte indeß dem jungen Manne nicht zu und er fing an zu kränkeln, so daß man sich auf den Rath des Arztes genöthigt sah, ihn zurück zu rufen. Durch einen Aufenthalt in Italien sollte er seine Gesundheit wieder kräftigen, und dorthin sollte denn auch Ritter mit dem anderen Zöglinge reisen. Nach Michaelis 1812 brach Ritter auf und zog durch die Schweiz nach München, wo sie mit Philipp zusammentrafen. Ritter erschrak fast, als er seinen Zögling wiedersah, da mit demselben eine große Veränderung vorgegangen war. Das jugendlich Frische und Kräftige war verschwunden; der junge Mann schien bedenklich krank. Ritter schrieb sogleich an die Mutter und rieth von der Fortsetzung der Reise ab. Sie stützte sich aber auf den Rath ihrer Aerzte und bestand auf den Winteraufenthalt im südlichen Italien. So reisten sie weiter; sie waren aber kaum in Florenz angekommen, als Philipp vom Nervenfieber getroffen wurde und schon am zwölften Tage starb. Es war ein harter Schlag, der das weiche Gemüth unseres Ritter als eine schwere Prüfung heimsuchte. — Dieser mußte nun leider mit August allein nach Rom gehen, wo sie sich indessen aus verschiedenen Gründen, namentlich mit Rücksicht auf die trüben politischen Verhältnisse, nur kurze Zeit aufhielten. Sie reisten weiter nach Neapel, bestiegen den Vesuv, beobachteten das Klima und studirten dort die Natur der Pflanzen, Thiere und Bewohner Italiens. Erdkunde zu treiben war nun schon seit Jahren Ritter's größte Freude und blieb es, so lange er lebte. Die Reise wurde noch bis Pästum, welches im Alterthum durch seine Rosenzucht berühmt war, heute aber wegen seiner Tempelruinen das Ziel der Wanderer ist, fortgesetzt.

Nach der Rückkehr in die Heimat kam man überein, daß Ritter den jungen Hollweg nach Göttingen begleiten sollte, um demselben bei dessen Studium der Rechtswissenschaft als berathender Freund zur Seite zu stehen. Einer solchen Stellung unterzog sich Ritter um so lieber, als der junge Mann durchaus keinen Gefallen an dem rüden Studentenleben fand und dafür um so eifriger seine Studien im Auge behielt. Auch konnte Ritter in Göttingen die Vorlesungen mehrerer beliebten Professoren besuchen, unter anderen die historischen und ethnographischen Vorlesungen des Geschichtsforschers Heeren, dessen Schrift „Ideen über Politik, Verkehr und Handel der Alten Welt" ihn mächtig anzog und fesselte. Des Professor Sartorius umfangreiches Wissen in der Staatsgeschichte und der Politik der europäischen Höfe sagte Ritter nicht minder zu, und im Uebrigen leistete diesem auch die inhaltsreiche Universitätsbibliothek sehr vortreffliche Dienste beim Streben nach Erweiterung seines Wissens.

In Göttingen legte Ritter nun auch Hand an die wiederholte gründliche Umarbeitung des von ihm entworfenen Werkes über die allgemeine physische Geographie. Seine höhere geistige Reife und sein erweitertes gründliches Wissen waren ihm dabei sehr nützlich, während sein Interesse für den Gegenstand selbst durch nichts abgekühlt war, sondern sich fortwährend stärker erwärmte. Im Jahre 1816 lag der erste Band zum Druck fertig vor. Der verdienstvolle Buchhändler Georg Reimer in Berlin, welcher zufällig Gelegenheit gehabt hatte, das Manuscript anzusehen, erklärte sich gern bereit, die Herausgabe des Werkes zu übernehmen. Gewiß hat er nie Ursache gehabt, diesen Entschluß zu bereuen. Das Buch erschien unter dem Titel: „Erdkunde im Verhältniß zur Natur und Geschichte des Menschen", und beide Bände kamen in den Jahren 1817 und 1818 rasch hinter einander heraus. Es war ein großes Ereigniß auf dem Felde der wissenschaftlichen Literatur, denn eine so geniale Auffassung einer wahrhaft wissenschaftlichen Erdkunde war noch nie versucht worden. Die großen Meister der Wissenschaft, Alexander von Humboldt und Leopold von Buch, versäumten daher nicht, ihren ungetheilten Beifall öffentlich auszusprechen, und Karl Ritter zählte von da an zu den berühmtesten Gelehrten unseres Jahrhunderts. Er war nun ein Mann von vierzig Jahren und sehnte sich nach einer freien, unabhängigen Stellung. Ein Ruf nach Frankfurt als Professor am dortigen Gymnasium kam ihm sehr gelegen. Kaum hatte er indeß, im Jahre 1819, dieses Amt übernommen, als eine noch viel ehrenvollere Aufforderung an ihn erging.

Karl Ritter

Ritter wurde zum Direktor der neu organisirten Kriegsschule in Berlin ernannt, indem er zugleich Vorlesungen an der dortigen Universität über seine neuen Grundsätze der Erdkunde halten sollte. Der Erfolg seiner Thätigkeit war ein ungeheurer, und bald galt Ritter für den größten Geographen seiner Zeit. Seine bei Reimer erschienene Erdkunde war rasch vergriffen, und die neue Auflage wurde in einem noch viel größeren, auf zahlreiche Bände berechneten Maße angelegt. In demselben Jahre 1822, in welchem der erste Band dieses großartigen Unternehmens die Presse verließ, wurde Karl Ritter auch zum wirklichen Professor der Erdkunde an der Berliner Universität ernannt und zugleich zum Mitgliede der Akademie der Wissenschaften gewählt.

So war benn Ritter in ben eigentlichen, feines Geiftes würdigen Wirkungs= kreis eingesetzt, ba er nicht minder burch feine Vorlefungen wie burch feine Schrif= ten nach allen Seiten hin bie Geifter belebte und anregte. Er war ein vortreff= licher Profeffor, und noch heute leben Taufende feiner ehemaligen Zuhörer, bie ihm in aufrichtiger Verehrung ein warmes Angebenken bewahren. Faft Niemanb fprach wie er fo gemeffen und allgemein verftändlich, und babei entwickelte er Alles fo lichtvoll und in fo anregender Weife, baß Aller Blicke gleichfam an feinem Munde hingen und jeber Einzelne nach beendigter Stunde bas Bewußt= fein mit fich trug, wieder etwas Tüchtiges zugelernt zu haben. Balb machte fich biefer Einfluß auf bie Geifter auch in einer gründlich verbefferten Behanblung bes gefammten geographifchen Unterrichts geltenb; bie ganze gebilbete Welt ift bem großen Manne zu bauernbem Danke verpflichtet, baß burch bie Einwirkung feiner Lehren auch bie Hand= wie Lehrbücher bes geographifchen Wiffens ganz andere und viel beffere geworden find. Sie gruppiren Länder und Völker um bie fie umgebenbe Natur und ftützen fich babei auf bie Entwicklung in Vergan= genheit und Gegenwart. Seine vielen Schüler wetteiferten mit einanber, im Sinne bes Meifters fortzuwirken; ja fie wurden, wie ber große Entbeckungs= reifenbe Heinrich Barth, fogar unmittelbar burch ihn angeregt, auf Ent= beckungen in ferne noch unbekannte Länbergebiete, namentlich bes Erbtheiles Afrika, auszuziehen und baburch ber geographifchen Wiffenfchaft neue thatfäch= liche Unterlagen zu fchaffen. Was ben inneren Geift und letzten Zweck ber Ritter'fchen Methobe, welche bie bloße Anhäufung einzelner Thatfachen verwarf, anlangt, fo erftrebte er bie Einficht in ben fachlichen Zufammenhang ber Er= fcheinungen und fuchte auf biefem Wege ein natürliches Syftem ber gefammten Erbkunde heranzubilden. Hierburch wollte er zugleich ben Blick bes Menfchen für jebe Wiffenfchaft erweitern und, fo weit er es vermochte, bas Reich ber ewigen Wahrheit förbern, auch eine immer höhere Erleuchtung jebes Einzelnen für und burch bas Ganze gewinnen.

Am klarften geht bas, was er eigentlich wollte, aus bem genauen Titel feines großen, bänberreichen Werkes hervor; berfelbe lautet: „Die Erbkunde im Verhältniß zur Natur und zur Gefchichte bes Menfchen, ober allgemeine ver= gleichenbe Geographie als fichere Grundlage bes Stubiums und Unterrichts in phyfikalifchen und hiftorifchen Wiffenfchaften." Vor beinahe einem halben Jahr= hundert erfchienen bie erften Bände, welche mit bem Erbtheil Afrika beginnen und je etwa 1000 Seiten ftark find. Seitbem find während Ritter's Lebzeiten im Ganzen etwa zwanzig Bände, bie allein über Afrika und Afien hanbeln, herausgekommen. So war noch immer bis zu Ritter's Tobe kaum bie Hälfte bes Ganzen vollenbet, ba noch ganz Amerika, Ozeanien und Europa fehlten. Neben ber fortwährend ihn befchäftigenben Leitung biefes großen Werkes fand Ritter außer feinen Vorlefungen und fonftigen Verpflichtungen auch noch ent= fprechenbe Muße zur Abfaffung vieler intereffanter und belehrender Auffätze, z. B. über bie geographifche Verbreitung bes Kameeles und bes Tigers, ferner der wichtigsten Handelsgewächse u. s. w., Alles wahre Musterarbeiten von Gelehrsamkeit und Scharfsinn, welche auch dem großen Gesammtwerk an gelegenen Stellen einverleibt wurden. — So suchte Ritter mit unermüdlichem Eifer die Wissenschaft nach jeder Richtung zu fördern, durch große und kleine schriftstellerische Arbeiten, durch anregende Vorträge und geistvolle Vorlesungen, durch den persönlichen Verkehr und unmittelbaren Einfluß auf jüngere strebsame Geister, wobei seine durchaus biedere und Vertrauen erweckende Persönlichkeit, sein stets bescheidenes Wesen und anspruchloses Auftreten wesentlich seine edlen Absichten im Interesse der Wissenschaft und der Menschheit unterstützten. Daher konnte es ihm auch an entsprechender Anerkennung von Außen nicht fehlen, und öffentliche Ehrenbezeigungen wie Auszeichnungen jeglicher Art wurden dem großen Manne, der jedoch in seiner Bescheidenheit hierauf nie einen besonderen Werth gelegt hat, in reichlichem Maße von Staatsbehörden, gelehrten Gesellschaften und Privatmännern zu Theil. Seine demuthsvolle Gesinnung, die ihn vor jeder Selbstüberhebung bewahrte, wurzelte übrigens in einer wahrhaft christlich frommen Denkart, welche bei Ritter den ganzen inneren Menschen durchzog, dafür aber um so weniger von ihm öffentlich zur Schau getragen wurde.

Im Jahre 1828 begründete Ritter in Berlin die „Gesellschaft für Erdkunde", welche bald durch ihre fruchtbaren Leistungen zu Gunsten der Wissenschaft überall ein so hohes und allgemeines Ansehen erlangte, daß sie von der weltberühmten Geographischen Gesellschaft zu London für eine vollkommen ebenbürtige Schwester geschätzt wurde.

Als im Jahre 1834 zu Schnepfenthal das fünfzigjährige Jubelfest gefeiert wurde, da versäumte Ritter diese Gelegenheit nicht, sich warm und herzlich an jene erste Bildungsstätte seines Geistes zu erinnern. Als Zeichen dankbarer, inniger Verehrung ihres seligen frommen Stifters übersandte er die Schrift: „Ueber das historische Element in der geographischen Wissenschaft." Es gewährte ihm eine große Freude, sich bei dieser Gelegenheit als einen der frühesten Zöglinge Salzmann's nennen zu können. Er bediente sich dabei auch der Buchstaben: D. D. U. H., welche sich als Wahlspruch Salzmann's über dem Eingange des ersten Institutsgebäudes befinden und die beherzigenswerthe Bedeutung haben:

„Denke, dulde und handle!"

Fünf Jahre darauf, am 21. Mai 1839, starb der treueste Freund unseres Ritter, Gutsmuths, auf seinem nahe bei Schnepfenthal gelegenen Landgute Ibenhain, in einem Alter von fast 80 Jahren. Ritter betrauerte den Tod dieses edlen Menschenfreundes, wie ein dankbarer, guter Sohn die Abrufung seines herzlich geliebten, unvergeßlichen Vaters.

Zwanzig Jahre später, nach einem ruhmreichen und gesegneten Wirken, im Jahre 1859 am 28. September, wurde auch unser Ritter abgerufen. Er hatte acht Wochen vorher seinen achtzigsten Geburtstag gefeiert. Ein schönes, hohes Alter, aber auch ein thatenreiches Leben, voll edler Gesinnung und hoher Bestrebungen!

Untergang eines Pfahlbaudorfes.

Das Volk der Pfahlbauten.
Unsere Ahnen aus der Steinzeit.
Merkzeichen aus der Kindheit unseres Geschlechts.
Von Eduard Kauffer.

„Wo Menschen schweigen, werden Steine reden."

Es ist ein weiter Gang, zu dem ich euch, meine lieben jungen Freunde, hier einladen will, weit und bisweilen beschwerlich; aber wer unter euch mir willig und mit Aufmerksamkeit folgt, der wird bald mit so viel neuen und interessanten Dingen auf unserem Wege Bekanntschaft machen, daß er seine Theilnahme an der beabsichtigten Wanderung gewiß nicht zu bereuen hat. Wir wollen nämlich in jene fernen Zeiten zurückgehen, wo uns das Licht der Geschichte den Pfad nicht mehr erhellt und in dem Dunkel jener Tage uns mit Hülfe gewisser Spuren und noch erkennbarer Merkmale zurecht finden, deren Wahrnehmung und sichere Unterscheidung uns kaum ein geringeres Interesse gewähren wird, als die Kenntnißnahme der großen Thaten und Begebenheiten aus dem geschichtlichen Leben der Völker. Wer nur irgend Sinn und Theilnahme hat für die Entstehung und allmälige Entwicklung des Menschengeschlechtes, oder wer über die

Fragen, woher wir und unser Geschlecht stammen und wie unsere heutige Bildung von den ersten Kulturanfängen ausgegangen, schon irgendwie ernstlich nachgedacht hat, der wird unserem Gange manche Aufklärung verdanken, wenigstens über die ältesten Spuren von dem Dasein und Wirken unserer Vorfahren.

So folgt mir denn frischen Muthes, die ihr alle wisset, daß die eigentliche Geschichte unseres deutschen Vaterlandes erst geraume Zeit später als die sogenannte Weltgeschichte beginnt. Denn in den hinterlassenen Schriften der alten Griechen und Römer findet sich wol hier und da eine vereinzelte Andeutung über das Leben unserer Vorfahren. Aber erst in den Aufzeichnungen, die aus der christlichen Zeit stammen, treffen wir auf genauere Angaben über die südwestlichen Gegenden unseres Vaterlandes, während die damaligen Mittheilungen über andere Landestheile, namentlich über den Norden und Osten des jetzigen Deutschland, nur aus fabelhaften Ueberlieferungen und sehr unbestimmten Nachrichten über die verschiedensten Stammesgenossenschaften bestehen.

Noch mehr — in dem ganzen Ländergebiete auf der rechten Seite des Elbstromes umfassen die wirklich bestätigten Erinnerungen kaum ein Jahrtausend. Wir erfahren daher keineswegs mit Sicherheit, was für Menschen vor dieser Zeit im Lande lebten, was sie trieben, woher sie kamen, wo sie blieben. Doch nimmt man an, daß deutsche Stämme bis zur Völkerwanderung dort gehaust haben und später slavische, namentlich wendische Völker ihnen nach in die geräumten Gebiete eingerückt seien. Die eigentliche Geschichte unseres Vaterlandes beginnt freilich erst mit der vollendeten neuen Staatenbildung in Europa, als nach dem Gewirre der Völkerwanderung die deutschen Waffen allmälich gen Osten vordrangen, um die slavische Bevölkerung auf dem rechten Elbufer für die christliche Bildung und für das deutsche Reich zu gewinnen.

Was für Spuren oder Erinnerungszeichen aus jenen längst vergessenen Vorzeiten sind es nun aber, die uns in dem Dunkel der vorgeschichtlichen Zeit einigermaßen als Merkzeichen des rechten Weges für unsere Forschungen dienen könnten? Es sind vor Allem der Erde anvertraute Erzeugnisse der ältesten Kultur, wie sie damals verstorbenen Häuptlingen und sonst angesehenen Männern der Gemeinde in das Grab mitgegeben wurden und wie wir sie noch heutzutage unter den sogenannten Riesenhügeln in den bekannten Hünengräbern finden. Eine gewisse fromme Scheu vor den Stätten der Todten hatte fast während des ganzen Mittelalters manches Jahrhundert hindurch jene Gräber unangetastet gelassen, bis in neuerer Zeit der Drang nach Wissen und noch häufiger Habsucht und Neugier jene Grabhügel eröffnete, aus denen man Thongeschirr und Hausgeräthe, Waffen und Zierrath von Stein oder Bronze hervorholte. Durch die Vergleichung der verschiedenartigsten Grabalterthümer solcher Art gelangte man bald zu der Schlußfolgerung, daß die aufgefundenen Altsachen, nach ihren wesentlichen Abweichungen in Form und Stoff zu urtheilen, drei ganz verschiedenen Bildungsstufen entsprechen. Man entdeckte nämlich Gräber, in denen durchaus keine Metallgegenstände, sondern nur Sachen aus Stein, Horn, Holz oder Thon vorkommen, dann wieder andere, in denen sich Erzeugnisse aus Bronze und nur zuweilen aus Thon, Stein oder Horn vorfanden, endlich solche Fundorte, an denen wesentlich eiserne Geräthe vorhanden waren.

Gewiß waren mächtige Fortschritte in den Erfahrungen unserer Ahnen erforderlich, ehe damals der menschliche Geist dazu gelangte, von der Verwendung des Thones und der Thierknochen, des Holzes und des Steines bis zur Bearbeitung der Metalle vorzuschreiten. Noch heute giebt es rohe Völkerschaften, z. B. gewisse wilde Stämme in Neuseeland und auf den Südsee-Inseln, welche in ihren Erzeugnissen und Gebräuchen uns an unsere ältesten Vorfahren erinnern; insbesondere sind es ihre Waffen und Geräthe, die aus Stein, Horn oder Thon gefertigt, zuweilen in überraschender Aehnlichkeit mit den aufgefundenen gleichen Erzeugnissen unserer Ahnen aus der Steinzeit übereinstimmen. Durchaus anders erscheint bereits der Bildungsstand derjenigen Menschen, in deren Gräbern wir Metallgegenstände vorfinden. Es ist nicht blos die höhere Vollendung in der künstlerischen Form, sondern auch die praktischere Gestaltung, welche bei der fügsameren Natur des Metalles sich natürlich auch in größerer Mannichfaltigkeit entwickeln konnte. Selbstverständlich kamen vorerst solche Metalle zu allgemeiner Verwendung, welche bei ihrer größeren Weichheit sich leichter verarbeiten, hämmern und biegen, dehnen und schmelzen lassen. Besonders günstig für solche Zwecke ist das Kupfer, welches daher in älteren Zeiten den beliebtesten Stoff für die Anfertigung der verschiedenartigsten Gegenstände geboten hat. Gewöhnlich schmolz man aber das Kupfer in Verbindung mit einem verhältnißmäßig kleinen Theile Zinn und gewann daraus die zusammengesetzte Masse des Bronzemetalls, welches einst weit und breit über ganz Deutschland bis zu den Alpen und noch in manchen anderen Ländern verbreitet gewesen ist. Zahlreiche, fast in allen Gegenden unseres Vaterlandes aufgefundene Bronzesachen, meist mit einem grünlichen Ueberzuge versehen, geben davon Zeugniß; weiblicher Schmuck von wirklich künstlerischer Form so gut wie das Geräth des Krieges, der Jagd und der Küche. Gewiß mußte im bergmännischen Betrieb nicht minder als in der gewerblichen Arbeit erst manche mühsame Erfahrung gemacht werden, ehe im Laufe der Jahrhunderte so beträchtliche Massen vortrefflich gearbeiteter Bronzesachen erzeugt werden konnten. Allein ebenso sicher war ein noch weit beträchtlicherer Zeitraum und ein noch viel mehr geschärfter Erfindungsgeist von Nöthen, um die große Kunst der Bearbeitung des Eisens durch alle ihre schwierigen Zwischenstufen hindurch, von dem Eisensteinwerk bis zur Eisenhütte und bis zur Schmiede, ein Gemeingut unseres ganzen Geschlechtes werden zu lassen. Von diesem Zeitraum beginnt nun die sogenannte Eisenzeit, deren Eintritt den Aufgang der ganzen neueren Kultur bezeichnet, deren erste Anfänge sich aber in jene vorgeschichtlichen Tage verlieren, wo ein Theil der Todten in den jetzt aufgefundenen Hünengräbern noch unter den Lebenden weilte. So umfassen denn die Zeiten, aus welchen die gesammte Masse der aufgefundenen Grabalterthümer herrührt, eine lange Reihe von vielen Jahrhunderten, ja vielleicht Jahrtausenden, während derer das

Menschengeschlecht durch die sogenannten Kulturperioden der Steinzeit und der Bronzezeit bis hin zur Eisenzeit vorschritt.

Aber die in ihren Gräbern uns hinterlassenen Erzeugnisse unserer Vorfahren sind es nicht allein, welche uns von einer solchen stetigen Entwicklung unseres Geschlechtes Zeugniß ablegen. Nachdem einmal durch die alten Gräberfunde der Forschungssinn für die vorgeschichtliche Kultur erweckt und eine schärfere Aufmerksamkeit nach dieser Richtung hin angeregt war, da wurden sehr bald auch noch andere Ueberreste von der gewerblichen Bildung jener alten Zeiten entdeckt, die uns einen weiteren Aufschluß gewähren können. Auf der Insel Rügen wurden unter großen Massen von Steingeräth nicht nur fertige Waffen aus Feuerstein und zahllose Feuersteinsplitter, sondern auch unvollständig gefertigte oder mißrathene Geräthschaften aufgefunden. Nicht minder wichtig war die Entdeckung großer Lagen alter Speisereste, der sogenannten „Kjökken=Möbbinger", oder Küchenabfälle, die an verschiedenen Stellen der dänischen Inselküste angetroffen wurden. Es sind große Haufen, oft von hundert Fuß Ausdehnung, meist aus Austernschalen gebildet, welchen zahlreiche Knochen verschiedener Thierarten beigemischt und zwischen denen sich Geräthe des Steinalters aus Horn, Knochen, Feuerstein und Thon sowie Kohlen und Asche befinden.

Der wichtigste Schritt indeß zur Aufhellung des Menschenlebens der Vorzeit erfolgte in der Schweiz, wo man schon in früherer Zeit, zuerst freilich ohne nähere Aufmerksamkeit darauf zu wenden, gewisse alte Bauüberreste im Seegrunde bemerkt hatte. Hundert Jahre dauerte es, ehe die wahre Bedeutung derselben, die man gegenwärtig Pfahlbauten nennt, erkannt wurde. Eine große Anzahl uralter Gräber mußten geöffnet, die darin aufgefundenen Waffen und Geräthe untersucht werden, ehe man das entscheidende Wort über jene räthselhaften Funde sprechen konnte.

Schon im vorigen Jahrhundert hatte man in dieser Richtung manche wichtige Entdeckung gemacht. Im Bieler See fand man unter Anderm bei wunderlichem Pfahlwerk einzelne Töpfe, die indeß nicht beachtet wurden. Auch am Strande des Bodensee's lasen die Anwohner verschiedene Male „Donnerkeile", Streitäxte und uralte Werkzeuge aus Feuerstein auf; sie betrachteten die seltsamen Gegenstände mit Verwunderung, legten sie kopfschüttelnd bei Seite und — dabei blieb's.

Schon etwas näher rückte die Enthüllung in dem strengen Winter von 1829—1830. Als damals der Züricher See ganz zufror, benutzten dies die Bewohner von Obermeilen, um ihren kleinen Hafen zu „scharren" (vom Schlamm zu reinigen), wobei sie mit dem Modder auch Hirschgeweihe, Keile und allerlei Kugeln aus Stein mit einem runden Loch in der Mitte herausschaufelten. In Verbindung mit andern geschichtlichen Forschungen sprach zu jener Zeit der schweizer Landeskundige, Dr. Keller in Zürich, die Vermuthung aus, daß am Rande des Züricher See's das Urvolk Helvetiens seinen Wohnsitz gehabt habe. Wieder schien die Lösung „zum Greifen" nahe liegend; doch der Zauberschlüssel, welcher die Geheimnisse zu erschließen bestimmt war, entsank noch einmal der tastenden Hand. Noch öfters gaben die Fundgegenstände, die man den Kindern als Spielzeug heimbrachte, dem Volke Mancherlei zu rathen und zu reden, zuletzt aber geriethen sie in Vergessenheit und nur nebenbei wurde ihrer gedacht, als werthloser wenn auch geheimnißvoller Sonderbarkeiten.

Die Enthüllung des räthselhaften Geheimnisses erfolgte erst 24 Jahre später.

Es war im Winter des Jahres 1853 bis 1854, als die Gewässer des Züricher See's so tief sanken, wie es seit Jahrhunderten nicht der Fall gewesen war. Am „Stein von Stäfa" war der tiefste Stand des See's mit der Jahreszahl 1674 bezeichnet. Im Jahre 1854 fiel das Wasser noch um einen Fuß tiefer. Der See wich auf große Strecken von seinen Ufern zurück, und offen lag sein schlammiger Grund zu Tage. Das außerordentliche Ereigniß wurde von den Anwohnern zu Hafenbauten und Landanlagen benutzt, und es geschah dieses auch in dem Dorfe Obermeilen, am nordöstlichen Ufer, wo den Fluten des See's, der hier eine sonnige Bucht bildet, ein Stück Land abgewonnen werden sollte. Man führte deshalb auf dem trocken gelegten Seeboden große Mauervierecke auf und füllte dann den ummauerten Raum mit Letten aus, der an zwei verschiedenen Stellen aus dem Seeboden gegraben wurde. Bei dieser Arbeit stieß man nun — in einer Tiefe von ungefähr vier Fuß und in einer Moderschicht von britthalb Fuß Tiefe — auf Stumpfe von Baumpfählen, welche senkrecht und etwa 1 bis 1 1/2 Fuß von einander entfernt, reihenweise in dem Moder eingerammt standen. Diese acht bis zwölf Zoll dicken Pfähle, an welchen noch die Rinde unterschieden werden konnte, waren übrigens so weich, daß sie der Schaufel keinen Widerstand leisteten und sich so leicht wie der Letten selbst durchstechen ließen. In der moderigen Schicht, besonders überall, wo Pfähle standen, fanden die Arbeiter Stein-, Knochen- und Horngeräthe verschiedener Art, auch Haselnüsse, vermodertes Gras und Laub. Neben vielen Hirschgeweihen kamen wohlgeformte längliche Steine, Knochen, von denen die einen durchbohrt, die anderen sorgfältig zugespitzt waren, Kugeln mit Löchern, eine Art Hämmer, Topfscherben und vieles Andere zum Vorschein.

Der Ortslehrer E. Aeppli, welcher in den nächsten Tagen von den seltsamen Ausgrabungen benachrichtigt ward, eilte zu dem Fundort und erwarb eine Menge jener Gegenstände. Die offenbare Wichtigkeit derselben veranlaßte ihn, schleunigst darüber an die „Antiquarische (alterthumforschende) Gesellschaft" in Zürich zu berichten, und bereits vier Stunden nach Abgang des Schreibens erschienen der Vorsitzende der Gesellschaft, Professor Dr. Keller und mit ihm mehrere andere Alterthumsfreunde in Meilen, wo ihnen Aeppli seine Sammlung vorlegte und das Pfahlwerk in Augenschein genommen wurde. Auffallend war die Menge der Fundsachen, die man im eigentlichen Seebett, weit draußen und nicht blos am Strande, ausgegraben hatte. Der Gedanke trat näher, daß auf den Pfählen Hütten gestanden haben mochten, und Dr. Keller sprach wiederholt seine Meinung dahin aus, daß hier ein Volk gelebt habe, dessen

Wohnungen auf Pfählen im Gewässer des See's errichtet gewesen. Hiermit war die wichtige Entdeckung der Pfahlbauten gemacht.

Von Land zu Land flog die Kunde von dem Ereigniß, welches die wissenschaftliche Forschung für ein hoch bedeutendes erklärte. Allenthalben erwachte ein überaus reger Forschereifer. Mit rühmlichem Beispiel ging die Schweiz voran. Der aufgewühlte Schooß des Bieler See's lieferte den nächsten Pfahlbau, einen dritten der Bodensee, hierauf folgten die Becken von Neufnatel und Genf, sowie eine Menge kleiner Seen. In einem Zeitraume von kaum zehn Jahren wurden weit über zweihundert Pfahldörfer allein in der Schweiz aufgefunden, und gegenwärtig ist wol kein See und kein Torfmoor im ebenen Lande zwischen Jura und Alpen, in welchem man nicht Spuren von Pfahlbauten angetroffen hätte. Auch Italien, Frankreich, Deutschland wiesen Pfahlbauten nach, und es kann somit kein Zweifel sein, daß jene Ansiedelungen ehemals über einen großen Theil von Europa sich erstreckten. Diese Entdeckungen ließen zugleich auf eine Vergangenheit schließen, welche sich bisher den Blicken der Forschung entzogen hatte, eine geheimnißvolle Urzeit, hinter deren Schleier flüchtige Blicke zu werfen bis dahin nur der vergleichenden Sprachkunde gestattet gewesen war. Der rechte Schlüssel zur Oeffnung der Pforte, welche bisher den Einblick in die Vorzeit verwehrte, war gefunden. Wir hoffen durch die nachstehenden Skizzen unseren jungen Lesern ein anschauliches Bild jener längst verschollenen Zeit dargeboten, hierdurch ihr Nachdenken angeregt und ihr Interesse für weitere Mittheilungen in dieser Richtung wach gerufen zu haben.

1. Wie bauten die Pfahlmenschen?

Still und friedlich ruht der blaue See. In der klaren Wasserfläche spiegelt sich der wolkenlose Himmel. Der Urwald an den Gestaden bildet einen grünen Rahmen um das zugleich liebliche und erhabene Gemälde. Die Bucht dort ist sonnig und sturmgesichert; sie wird auf der einen Seite von Wiesen, auf der andern Seite von geklärtem Lande begrenzt. Im See gewahren wir Etwas, das von fern aussieht wie eine Festung; ein schmaler Steg führt dahin; wir kommen näher und sehen, daß das, was wir für eine Festung hielten, eine Gruppe eigenthümlicher Wohnungen ist, deren Umrisse die Wasserfläche zurückwirft.

Wir haben ein Pfahldorf, eine Ansiedelung des Urvolks von Europa vor uns.

Wie haben wir uns etwa die Anlage eines solchen Dorfes zu denken? Betrachten wir zunächst die eigentlichen Pfahlbaudörfer. In größerer oder geringerer Entfernung vom Ufer wurden Pfähle senkrecht in den Grund gerammt und in gewissen Abständen von der Oberfläche des Wassers mit einem Estrich versehen. Zum Unterbau dienten 4 bis 12 Zoll starke runde oder gespaltene Stämme von Eichen, Buchen, Tannen, Birken, Erlen, Ulmen ꝛc. Die Entfernung der Pfähle von einander beträgt ein, zwei, auch drei Fuß. Sie stehen meist in gleichlaufenden Reihen, oft aber auch ohne Wahl und Ordnung durcheinander. Die Stämme wurden entweder mittelst des Feuers, welches die Pfahlmenschen bereits kannten, oder mit der Steinart zugespitzt, damit sie desto leichter in den Seegrund einzubringen vermochten. Man denkt sich den Vorgang hierbei etwa so, daß die Pfahlmenschen, wenn sie einen solchen Bau begannen, von einem zuvor erbauten Floße aus die ersten Pfahlreihen in den See schlugen. Dazu benutzten sie derbe Holzschlägel (f. Fig. 3, 4. S. 39). Dennoch mochte es ihnen schwer genug gefallen sein, einen Stamm drei bis sieben Fuß tief in den Boden hinein zu rammen, wenn sie auch mit Wohlbedacht solche Orte wählten, wo der Seegrund sandig und steinfrei war, was begreiflicherweise das Eindringen der zugespitzten Pfähle wesentlich erleichtern mußte. Nach der Seeseite wurde ein Flechtwerk von Haseln und Weiden angebracht, damit die Pfähle von der Flut nicht unterwaschen werden konnten. Die Eckpfähle und alle inneren, welche die „Unterzüge" zu tragen hatten, waren entweder eingeschnitten oder eingezapft (f. Figur 2). Für jede Hütte ragten vier bis sechs Pfähle über den Rost oder das Balkenlager hinaus.

Der Boden, welcher auf diesen Pfählen und deren Querbalken errichtet wurde, bestand aus 5 bis 8 Fuß langem Rundholz aus gespaltenen Stämmen und wurde jedenfalls mit Lehm oder dergleichen gepflastert, um ihm Ebenheit und Dichtigkeit zu geben. Eigenthümlich ist, daß alles Holz, welches zum Pfahl= bau verwendet wurde, fast nur von Wald=, selten von Obstbäumen herrührt; wahrscheinlich sollten die letzteren geschont werden. Auf diesem Boden erbaute man die Hütten.

Allein nicht immer erfolgte die Errichtung der Wohnungen in der eben be= schriebenen Weise. Es ereignete sich wol hin und wieder, daß die Pfähle beim Einrammen in dem weichen, schlammigen Seegrunde keinen Halt fanden. Da mußte denn ein anderes Verfahren gewählt und ein sogenanntes Packwerk errichtet werden. Zu dem Ende wurde dann eine große Anzahl von Rundhölzern zu einem Floße verbunden und so lange mit Sand, Kies und Steinen beschwert, bis die Last es auf den Grund niederdrückte. Hierauf nahm man ein zweites Floß und verfuhr auf ganz gleiche Weise, damit so lange fortfahrend, bis ein fester, widerstandsfähiger Boden über die Oberfläche stieg, d. h. sich im See eine feststehende, zur Erbauung von Hütten geeignete Insel gebildet hatte. Nur an den Grenzen und in den Zwischenräumen rammte man einige Pfähle ein, damit der künstliche Bau sich nicht verrücken konnte. Freilich senkte sich dieser nach und nach, und dann mußte wieder nachgefüllt werden.

Die Pfahlmenschen bauten jedoch auch auf eine dritte Art, indem sie einen Steinberg bildeten. Mühsam, aber beharrlich schafften sie Steine in den See und versenkten ganze Ladungen davon an einer und derselben Stelle, bis sich ein Steinhügel über die Wasserfläche erhob, auf welchem dann die Pfahlbauten zu stehen kamen. Die aufgeschütteten Steine sind ziemlich von gleicher Größe, ent= weder $1\frac{1}{2}$ bis 3 Zoll oder 1 bis 2 Fuß im Durchmesser, und mußten oft aus

weiter Ferne herbeigeschafft werden, so daß die mühsame Arbeit ihrer Aufthür=
mung im See Bewunderung erregt. Diese Steinberge haben oft einen bedeu=
tenden Umfang; manche jedoch sind wiederum so klein, daß offenbar nur eine
einzige Hütte auf dem künstlich hergestellten steinernen Untergrunde hinreichenden
Platz finden konnte.

Die Hütten, welche auf den Unterlagen der Pfähle sich erhoben, waren
viereckig. Diejenigen Pfähle, welche als Eckstreben dienen sollten, stiegen, wie
bereits bemerkt, höher aus dem See und waren durch ein Flechtwerk verbunden.
Lehm, dem bisweilen Moos, Stroh, Laub u. dergl. beigemischt sein mochte,
bedeckte im Innern die Wände. Die Hütte war nicht sehr groß, gewöhnlich
12 Fuß breit und 15 bis 17 Fuß lang. In jeder lag eine große, breite Stein=
platte, welche als Feuerherd diente. Das Dach bestand aus Stroh, Schilf oder
Baumrinde und wurde von Weidenzweigen zusammengehalten. Schwerlich be=
saßen die Hütten andere Oeffnungen, als diejenigen, durch welche man hinaus=
und hineingelangte, und die Thüre bestand jedenfalls blos aus einem Bastgeflecht,
welches vor das Loch gehangen wurde. In dem Pfahlboden befanden sich an
gewissen Stellen Oeffnungen, durch welche Küchenabfälle und Unrath in den See
geschüttet werden konnten. Den Zugang bildete vom Ufer aus ein schmaler, kaum
2 bis 3 Fuß breiter Steg, der ebenfalls auf einer Doppelreihe von Pfählen in
den See reichte; ein Geländer dürfte er kaum gehabt haben. Von der Seite
waren die Zugänge frei, so daß die Kähne ohne Hinderniß einlaufen und sich
unterhalb der Hütte festlegen konnten, auch die Fische nicht gehindert wurden,
sich hier zur Aesung zu sammeln. Der Flächenraum, den eine aus Pfahlhütten
bestehende Ansiedlung, ein Pfahldorf, einnahm, ist sehr verschieden, von
200,000 Geviertfuß an bis zu 200 Geviertfuß herunter. Manche derselben
mögen bis zu 200, ja 300 Pfahlhütten enthalten und reichlich 1000 Bewohner
gezählt haben.

Wenngleich die verschiedenen Pfahlbauten Vieles gemeinsam haben, so
zeigen sich doch auch manche Besonderheiten der einzelnen Ansiedelun=
gen, denen wir an dieser Stelle noch einige Worte zu widmen haben. Die älteste
Ansiedlung, welche man in der Schweiz gefunden, ist diejenige von Moosee=
dorf bei Bern. Sie fußt in einem wenig tiefen, sumpfigen Riedsee, der nicht
groß, kaum eine Viertelmeile lang und nicht so breit ist. Dieses Pfahldorf be=
stand aus höchstens zwei bis drei Hütten und erstreckte sich über ein längliches
Viereck von 55 Fuß Breite und 70 Fuß Länge. Die 5 bis 7 Zoll dicken Pfähle
sind regellos in den Lettenboden getrieben. Dagegen war die Ansiedlung von
Robenhausen im Pfäffikonsee so ausgedehnt, daß man bereits 200,000 Pfähle
gezählt hat, womit jedoch die Gesammtheit noch nicht erschöpft ist. Tausende
von Menschen müssen dort ihren Wohnsitz gehabt haben. Sie ist die größte der
bis jetzt entdeckten Ansiedlungen der Pfahlmenschen und erstreckt sich in der Form
eines unregelmäßigen Vierecks über einen Flächeninhalt von 120,000 Geviert=
fuß. Eine dritte, ebenfalls sehr große Ansiedlung ist die von Wangen im

Unterſee, an der badiſchen Küſte des Bodenſee's, welche ein längliches Viereck von mehr als 700 Schritten Länge und 120 Schritten Breite bildet. Unter den Pfählen befinden ſich auch kräftige Stämme des wilden Apfelbaumes — ein Beweis, daß derſelbe in den Urwäldern Deutſchlands heimiſch war. Die Pfahl-Anſiedlungen des Genfer See's erſtrecken ſich auf eine bedeutende Tiefe in den See hinein. Das Pfahlwerk beſteht hier meiſtens aus 3 bis 8 Zoll dicken Stämmen von Eichenholz, welche bald näher, bald weiter vom Lande in einer Tiefe von 8 bis 20 Fuß in den ſchlammigen Boden eingeſenkt ſind und gegenwärtig noch 5 bis 6 Fuß über den Grund hervortreten. Da die Hülfsmittel, welche den Pfahlmännern zu Gebote ſtanden, unzureichend waren, ſo muß es hohe Bewunderung erregen, daß ſie es ermöglichten, die Pfähle ſo tief in den Grund einzurammen. Der beträchtlichſte Pfahlbau des Leman liegt 4 bis 500 Fuß vom Ufer, dicht vor der Stadt Morges. Die Pfähle ſtehen in einer Tiefe von 8 bis 10 Fuß unter dem niedrigſten Waſſerſtande ganz unregelmäßig vertheilt und verbreiten ſich über einen Flächenraum von 1200 Fuß Länge und 100 bis 120 Fuß Breite.

Die angeführten Beiſpiele mögen genügen, die Behauptung als Thatſache feſtzuſtellen: daß die Pfahlbauten allerdings im Ganzen einander ähnlich ſind, daß aber, je nachdem Lage, Alter und Dauer ihren Einfluß geltend machten, die einzelnen Pfahlwerke gewiſſe Beſonderheiten aufzuweiſen haben, durch welche ſie ſich von anderen unterſcheiden.

2. Das Alter der Pfahlbauten.

Die bedeutungsvollſte Frage, welche bei Betrachtung der Pfahlbau-Reſte an uns herantritt, iſt diejenige des Alters. Wann wurden die Pfahlbauten aufgerichtet? Wie lange beſtehen ſie? Hier die richtige Schätzung zu treffen und nicht über das Ziel hinauszuſchießen, dient uns als Unterlage zunächſt die Geologie, inſofern ſie die Schichtenverhältniſſe berückſichtigt und berechnet, welcher Zeitraum erforderlich war, ehe die verſchiedenen Ablagerungen, von welchen gegenwärtig die Trümmer der Pfahlbauten bedeckt werden, ſich dort anhäufen konnten. Eine weitere Unterlage ſind die Ueberreſte von Organismen, welche in den Pfahlbauten ſich vorfinden, Reſte von Thieren, Menſchen, Pflanzen ꝛc. Namentlich aber geben Antwort die Erzeugniſſe der menſchlichen Hand, die Geräthe und Werkzeuge, deren Fundorte die Pfahlbauten ſind, und an dieſe Erzeugniſſe wollen wir uns hier auch vorzugsweiſe halten.

Nach den Arbeiten der menſchlichen Hand haben wir oben drei Abſchnitte der menſchlichen Urzeit unterſchieden: Die Steinzeit, die Bronzezeit und die Eiſenzeit. Die Steinzeit, in welcher demnach der Gebrauch der Metalle noch unbekannt war, zerlegt man nun wieder in vier untergeordnete Zeiträume.

Der erſte untergeordnete Zeitraum iſt derjenige der Höhlenbären, deshalb so benannt, weil man die Gebeine von Menschen vermischt findet mit denen längst ausgestorbener Thiere, am meisten mit den Gebeinen der Höhlenbären, die ebenfalls aus der Reihe der lebenden Wesen verschwunden sind. Der Mensch lebte und wohnte damals noch im Zustande der äußersten Rohheit und bestattete seine Todten nicht; daher die Vermischung der Menschenknochen mit den Gebeinen verschiedener Thiere. Als Werkzeuge oder Waffen dienen ihm zugeschärfte Feuersteine. Geologen wollen hierfür einen Zeitraum von 50,000 Jahren vor unserer Zeitrechnung annehmen!

Der zweite Zeitraum ist derjenige der **Jäger**. Der Mensch lebt von dem Wild, das die Urwälder in ungeheurer Menge füllt. Er geht auf die Jagd, doch ist der Hund noch nicht sein Begleiter, denn er hat noch nicht gelernt, Thiere zu zähmen. Er benutzt die Geweihe von Rennthieren, Riesenhirschen und Elchen zur Anfertigung nothwendiger Werkzeuge. Deshalb ist diese Periode auch die Rennthier=Periode genannt worden. Die Ausrüstung zur Jagd bestand in Kieselbeilen und Flintsteinpfeilen. Aus diesem Zeitraume sind auch Kunstwerke oder vielmehr die Anfänge von Kunstgebilden erhalten. So wurden in der Les=Eyzis=höhle zwei Platten gefunden, auf welchen das Bild eines vierfüßigen Thieres eingegraben ist. Es sind dies wol die ersten Eingrabungen in Stein.

Der dritte Zeitraum ist derjenige der **Hirten**. Friedlich weidet der Mensch die Heerden, die ihm ihre Milch zur Nahrung spenden, am Meeresstrande. Die Thierwelt, die er gelernt hat zu zähmen, liefert ihm als treuen, wachsamen Begleiter den Hund, der den überlegenen Menschen nicht mehr verläßt. Dieser Zeitraum heißt auch der der **dänischen Küchenabfälle**, deren bereits oben Erwähnung geschehen ist. Wir bemerken hier nachträglich noch, daß man jene zum Theil beträchtlichen Anhäufungen anfänglich für ganz natürliche Ablagerungen des Meeres gehalten hatte. Da aber in letzteren die zahlreichen Strandmuscheln in allen Altern und Größen, sowie in regelmäßiger Schichtung vorkommen, in den gedachten Ansammlungen hingegen nur wenige eßbare Arten, vermengt mit Thierknochen und anderen Gegenständen verschiedener Art sich finden, so wurde es klar, daß man hier den Wegwurf von Mahlzeiten mit zufällig hinein gerathenen Erzeugnissen der menschlichen Hand vor sich hatte. Nach dem Namen von dergleichen Ueberbleibseln kjökkenmödding, Küchenabfälle (kjökke heißt Küche, mödding ein Haufe), erhielt dann der ganze Zeitraum den Namen.

Die vierte Periode endlich ist die der **Pfahlbauten**. Der Mensch hat feste Ansiedelungen begründet und sich dem Ackerbau zugewendet, daneben betreibt er Fischfang, Jagd und Viehzucht. Alle Werkzeuge bestehen noch aus Stein in Verbindung mit Holz, und deshalb wird diese Periode auch die Steinperiode genannt. Sie liegt ungefähr 5—7000 Jahre hinter uns zurück.

Später bemächtigte sich der Mensch der Metalle, zuerst der weicheren, voran die Bronze, die bloß gegossen, nie gehämmert oder geschmiedet verwendet wurde. Das Zinn wird beigemischt, um das Kupfer zu härten. Die Bronze verdrängte durch ihre große Härte und Bildungsfähigkeit den Stein; es folgte auf die Stein=

zeit die **Bronzezeit** (etwa 2000 bis 3000 Jahre vor Beginn unserer Zeitrechnung). Die früher ungestalteten Waffen und Werkzeuge erlangen nach und nach immer größere Handlichkeit und Schönheit. Zuletzt erst kommt die **Eisenzeit** und stellt sich, indem sie die Bronze zurückdrängt, an die Schwelle der neuen Jahrhunderte. Das Eisen, das die Menschen schmieden und für sich benutzen gelernt haben, schlägt die Brücke zur Civilisation. Der erwachende Kunstsinn verschönert das Haus, die feste Wohnung des Menschen, und die vordem furchtbare und gefürchtete Thierwelt liegt gebändigt zu seinen Füßen, in ihm den unüberwindlichen Sieger und Beherrscher anerkennend.

Wie lange die Pfahlbauten bewohnt gewesen sein mögen, läßt sich nicht mit Sicherheit nachweisen; indessen hat die wissenschaftliche Forschung dargelegt, daß sie mehrere Jahrhunderte hindurch bestanden haben müssen.

Aber — könnte man noch fragen — beruht nicht etwa das Vorhandensein des Pfahlbauvolkes auf bloßen Vermuthungen, die, mögen sie noch so scharfsinnig, noch so geistreich sein, doch den Mangel thatsächlicher Beweise zu ersetzen nicht im Stande sind? Zum Glück besitzen wir über die Pfahlbauten **zwei unverwerfliche Zeugnisse aus der geschichtlichen Zeit**. Der Vater der Geschichte, **Herodot** (geb. 484 v. Chr.), erzählt von thrakischen Völkerschaften, deren Wohnungen im See Prasias gelegen gewesen seien. Aus dem weiteren Berichte Herodot's geht hervor, daß die Wohnungen jener Völkerschaften Hütten waren, die auf Pfählen im See errichtet waren. Vom Lande führte nur ein einziger Steg zu ihnen. In den Hütten ging eine Fallthüre hinab in den See, und so groß war angeblich der Fischreichthum, daß man nur einen leeren Korb an einem Strick hinabzulassen brauchte, um ihn alsbald schwer mit Fischen belastet wieder heraus zu ziehen. Auch Pferde und Lastthiere wurden mit Fischen gefüttert. Die kleinen Kinder band man mit einem Strick am Fuße an, daß sie nicht in's Wasser fallen konnten. So weit Herodot. Eine weitere Nachricht kommt von dem arabischen Gelehrten **Abulfeda**, der um 1300 n. Chr. lebte und schrieb. Dieser hat ein Werk über Syrien hinterlassen, in welchem er unter Anderm erzählt, daß in einem der syrischen Seen die verfolgten Christen sich auf Pfählen hölzerne Häuser erbaut und auf diese Weise angesiedelt hätten; im Volksmunde habe der See der „Christensee" geheißen. Hieraus geht hervor, daß Pfahlbauten noch in später geschichtlicher Zeit bewohnt wurden, und mit Recht ist auf die Möglichkeit hingewiesen worden, daß in Europa gerade der umgekehrte Fall wie in Syrien eingetreten sei, daß nämlich die letzten Nichtchristen in den unzugänglichen Pfahldörfern sich geborgen haben; darauf deute z. B. ein vor Kerschach im Obersee bei niedrigem Wasserstande sichtbares Pfahl-Inselchen hin, welches heute noch den von Geschlecht zu Geschlecht vererbten Namen „Heidaländli" — das Heidenländchen — trägt.

3. Ursprüngliche Heimat des Pfahlbauvolks.

Die ursprüngliche Heimat der Pfahlbauten-Menschen ist jedenfalls in Asien zu suchen. Dafür zeugt schon die Strömung der Völkerwanderung von Osten nach Westen. Alle Wandervölker kamen aus Osten. Für die asiatische Abstammung spricht ferner die bereits erwähnte Mittheilung Herodot's über das Vorkommen von Seeansiedlern in Thrakien. Ein weiterer Beweis ist der Umstand, daß man in den Pfahlbauten Messer und Werkzeuge aus Nephrit aufgefunden hat. Der Nephrit — auch Amazonenstein, Beilstein, Sonnenstein genannt — ist ein grünlich-schwarzer, etwas durchscheinender, fett anzufühlender Halbedelstein von großer Härte, der nicht in Europa, sondern nur in Asien vorkommt. Von dort brachte das Pfahlbautenvolk die Nephrite in ihre neue europäische Heimat mit und legte, ihrer Seltenheit wegen, Werth auf deren Erhaltung. Diejenigen Beile von dieser Art, die man in den Fundschichten aufgehoben hat, sind so scharf, daß man Bleistifte damit spitzen kann.

Welchen Weg das Pfahlbauvolk bei seiner Wanderung von seiner Urheimat im Osten nach Europa und den verschiedenen europäischen Ländern, wo es sich ansiedelte, genommen, dürfte mit Gewißheit nicht nachzuweisen sein und ist hier ohne Bedeutung. Genug, die Asiaten waren da und begannen sich häuslich niederzulassen. Warum sie aber so mühsam in's Wasser bauten, während doch die Ansiedlung auf dem festen Lande, das vielleicht theilweise bereits bewohnt war, weit leichter gewesen wäre — dies zu beantworten bietet nicht geringe Schwierigkeit, und wol niemals wird das Dunkel, welches über den Zweck dieser Seeansiedlungen gebreitet ist, ganz gelichtet werden. Der Wahrheit am nächsten scheint die Annahme zu kommen, daß die Pfahlbaumenschen diese eigenthümliche Wohnungsweise aus ihrem Stammsitz in Asien mitbrachten und von der alten, ihnen lieb gewordenen Gewohnheit auch in der neuen Heimat nicht lassen wollten, um so weniger, als die Wälder von wilden und reißenden Thieren wimmelten, zu deren Bekämpfung die noch unvollkommenen Waffen nicht ausreichten. Vielleicht lagen auch noch in den Wäldern die Reste des vertriebenen Urvolks grollend und rachebrütend im Hinterhalt, so daß der Zweck der Seeansiedlungen die Sicherheit gewesen wäre. Der Mensch mußte fortwährend vor Seinesgleichen auf der Hut sein, und wenn er sich im Wasser Behausungen erbaute, so geschah dies mit aus dem Grunde, um dadurch in den Stand gesetzt zu sein, für seine Familie sowie für sein Eigenthum genügendere Sicherheit zu erlangen und feindliche Ueberfälle leichter abzuwehren. Er brauchte nur den schmalen Steg, der zu den Wohnungen führte, abzubrechen, und der Feind, der jedenfalls keine Kähne mit sich brachte, konnte den Kampf nicht fortsetzen. Es gab auch Ansiedlungen, die sich völlig an das feste Land anschlossen. Diese würden keinen genügenden Schutz geboten haben, so daß man den Zugang zu ihnen auf der Landseite durch hohes, festes Pfahlwerk versperrte.

Nicht weniger befanden sich auf den Hügeln und Berggrücken kleinere, durch Wälle geschützte Plätze, die man im Gegensatz zu den Wasserburgen „Höhenburgen" nennen könnte. Die Bewohner aller dieser Ansiedlungen zu Wasser und zu Lande waren durch Abstammung und Lebensweise wol nicht von einander verschieden, und wenn sie sich gegenseitig befehdeten, so thaten sie eben nur, was alle Völker thun, welche auf einer tieferen Bildungsstufe stehen.

Neben der Sicherheit war vielleicht der Fischreichthum der Seen ein Grund für die damaligen Menschen, sich im Wasser anzusiedeln. Fische — namentlich Lachs, Hecht, Karpfen und Weißfisch — machten eine Hauptnahrung aus, und diese konnte man sich, wenn man die Behausung in den See selbst verlegte, in fast müheloser Weise verschaffen. Es bot ja schon der Raum zwischen den Pfählen unterhalb der Hütten ergiebige Beute, deren man sich mittelst Wurfspieß, Pfeil und Netz bemächtigte.

In späterer Zeit mögen die Pfahlbauten als Vorrathsspeicher gedient haben, während die aus Lehm und Reisig aufgeführten Wohnungen in der Nähe auf dem festen Lande sich befanden. Die Erzeugnisse des aufkeimenden Gewerbfleißes, bereits Waaren aller Art, wurden unmittelbar aus diesen Speichern auf die Kähne verladen, wie noch heute im skandinavischen Norden.

Was endlich die Menschen jenes fernen Zeitalters anlangt, so mögen wir uns hüten, uns dieselben etwa als Riesen vorzustellen, gegen deren übergroße Gestalten wir zu Zwergen zusammenschrumpften würden. Die Märchen von Riesenleibern der Vorzeit, die noch in manchen Köpfen spuken, sind eben nur Märchen — Gebilde der Einbildungskraft. In Wirklichkeit war, wie die wissenschaftliche Forschung nachgewiesen hat, der damalige Mensch nur von mittlerer Gestalt, eher klein als groß. Die Menschheit hat sich erst im Laufe der Jahrhunderte nicht allein geistig, sondern auch körperlich herangebildet. Schon aus den aufgefundenen Schädeln geht hervor, daß sie von der mittlern Schädelbildung der heutigen Zeit nicht verschieden sind; die Hände waren jedoch kleiner — dies beweisen die für die Hand bestimmten Geräthe, Werkzeuge und Waffen, für deren Griffe unsere Hände viel zu groß sind. Waren aber die Menschen der Pfahlbauzeit nur von unansehnlicher Gestalt, so besaßen sie dagegen ein seltenes Ebenmaß der Glieder. Bezüglich ihrer Farbe läßt sich aus den dürftigen Ueberresten, die auf uns gekommen sind, kein Schluß ziehen. Ueberhaupt wurden in den Pfahlbauten nur selten Gebeine von Erwachsenen aufgefunden, desto zahlreicher solche von kleinen Kindern. Vater Herodot ist also jedenfalls gut unterrichtet gewesen, wenn er erzählt, daß die Kinder der Pfahlbaumenschen an einem Bein angebunden gewesen seien, damit sie nicht in's Wasser fallen konnten; denn die aufgefundenen Knochen sind augenscheinlich nur Reste von zufällig Ertrunkenen. Die Todten wurden am Lande bestattet. Wahrscheinlich verbrannte man sie, sammelte die Asche in Gefäßen und übergab sie dem Schoße der mütterlichen Erde. Einen solchen Begräbnißplatz hat man nahe bei dem Pfahlbau von Mercurago bei Arona in einem Moränenhügel aufgefunden. Völker, welche ihre

Todten bestatten, haben bereits den ersten Schritt zur Bildung gethan. Dies gilt auch von dem Pfahlbauvolk, das allen uns vorliegenden Zeugnissen zufolge ein friedliches und geduldiges, wenn auch ausdauerndes und thatkräftiges, in seinen Unternehmungen unverdrossenes, kein Mühsal scheuendes gewesen sein muß. Hatten die Menschen in der finstern Höhlenbären- und Jägerzeit sich, wie man annimmt, noch gegenseitig aufgefressen, so war dies bei den in der Bildung bereits vorwärts geschrittenen Pfahlbautenmenschen nicht mehr der Fall. Woher man das wissen kann? Man schließt ungefähr so: die aus der Jäger- und Höhlenbärenzeit aufgefundenen Menschenknochen sind ebenso aufgebrochen, wie die Thierknochen, um das Mark herauszunehmen, woraus man folgert, daß der Mensch damals auch Seinesgleichen verzehrte. Die Menschenknochen aus den Pfahlbauten dagegen sind nicht aufgebrochen und lassen keine Spur von Schneidewerkzeugen entdecken. Wären die Pfahlbautenleute Menschenfresser gewesen, so müßten auch weit mehr menschliche Gebeine entdeckt worden sein; hat man doch die Thierknochen centnerweise gesammelt.

Unzweifelhaft hat dieses friedliche Volk auch bereits Handel getrieben. Es befinden sich nämlich unter den Fundstücken eine Menge Gegenstände, die nicht diesen Gegenden angehören, namentlich Steine, Korallen, Bernstein, Glasfluß x., weshalb man annehmen muß, daß sie durch eine Art Binnenhandel herbeigeführt und vertrieben worden sind. Besonders der Feuerstein — das Eisen der Urzeit, aus dem und mit dem Alles gemacht wurde — mußte aus entlegenen Gegenden bezogen werden, da er in der Schweiz nur im Jura und auch dort nur spärlich gefunden wird. Es ist anzunehmen, daß Einzelne mit diesem Gegenstande, den sie zuvor durch Tausch erworben hatten, Handel trieben. Geld war nicht vorhanden, da man die Metalle noch nicht kannte.

4. Ein Besuch in einem Pfahldorfe.

Noch einmal taucht jenes wunderbare Torf, dessen wir bereits ansichtig wurden, vor uns aus seinem tausendjährigen Grabe auf. Langsam erhebt es sich über die Oberfläche, bis es in seiner vollen Ausdehnung, mit allen seinen Behausungen erscheint. Auch der schmale Steg, welcher die Verbindung mit dem Ufer vermittelt, fehlt nicht.

Ein Wanderer schreitet, um an's Ufer zu gelangen, einen Pfad entlang, der sich dem Urwalde des Hintergrundes entwindet und eine wunderliebliche Trift durchschneidet. Er wendet sich nach rechts und erblickt nunmehr üppige Saatfelder. Deutlich lassen sich bereits Weizen und Gerste unterscheiden. Die Wiese links wird belebt von einer Heerde Ziegen und Kühe. Letztere gehören einer ganz kleinen Art an. Einige Kälber tummeln sich unbeholfen um ihre grasenden Mütter, die zuweilen den Kopf erheben und mit glotzenden Augen den Sprüngen der muntern Jungen folgen.

Der anmuthige Weg führt unmittelbar zu der einfachen Holzbrücke, auf der man zu dem Wasserdorfe gelangt. Nicht ohne Bangen betritt man den Steg, denn er hat kein Geländer, und wenn der Fuß ausgleiten sollte, dürfte man leicht ein unfreiwilliges Bad im See nehmen.

Am jenseitigen Ende der Brücke gewahrt man den ersten Menschen. Es ist ein zierlich gewachsener Mann, in grobes Linnen gekleidet. Ein Thierfell hängt von seinen Schultern herab und berührt fast den Boden. In der rechten Hand führt er einen Speer, der ihm offenbar eine furchtbare Waffe dünkt, uns aber, stießen wir mit ihm zusammen, wenig Besorgniß einflößen würde.

Der Wanderer, den wir bisher verfolgt haben, giebt dem Manne, der dort Wache zu halten scheint, zu verstehen, daß er und das Dorf nichts von ihm zu fürchten haben, und schreitet näher. Man legt ihm kein Hinderniß entgegen, und so folgt rasch ein Verständniß, so gut dies durch Zeichen geschehen kann.

Der Pfahlmensch, den der Wanderer jetzt in unmittelbarer Nähe zu betrachten Gelegenheit hat, ist kaum mittelgroß und seine Hand überraschend klein. Seine ebenfalls sehr kleinen und zierlichen Füße sind nackt. Der Speer in seiner Hand mag 8 Fuß lang sein und hat oben eine aus Kuhhorn gefertigte Spitze. Im Gürtel steckt ein aus dem Hauer eines Ebers gefertigtes, angeschliffenes Messer.

Der See-Ansiedler, der den Kommenden anfänglich mit mißtrauischen Blicken betrachtete, wird, da er ihn nichts Feindliches unternehmen sieht, zutraulicher und geleitet ihn zur nächsten Hütte, die er durch Geberden als die seinige bezeichnet.

Die Behausung ist in Form eines Vierecks errichtet. An dem Giebel bemerkt man ein eigenthümliches Thongebilde, das einem Halbmonde gleicht. Die Hörner sind scharf nach oben gekrümmt und der Abstand zwischen ihnen mag acht bis zwölf Zoll, wenn nicht mehr betragen.

Der Fremdling betrachtet noch die seltsame Figur, deren Bedeutung er zu ergründen sucht, als der Bastvorhang an der Hütte zurückgeschoben wird und eine jugendliche Frau mit zwei Kindern an der Hand erscheint.

Die Frau ist fast noch kleiner, als der Pfahlmann, und wo möglich noch zierlicher gebaut. Ihr volles Haar ist nicht ohne Geschmack geordnet. Die sehr kleinen Hände und Füße könnten einem Bildhauer zum Modell dienen. Am wohlgeformten nackten Arme trägt sie eine Spange von Thon, um den Hals eine Schnur von durchbohrten Zähnen und im Haar eine Art Einsteckkamm von Holz. Die Kinder sind mit Schnuren von bunten, durchbohrten Steinchen geschmückt. Eines trägt in der Hand einen sonderbaren Napf von der Gestalt einer kelchartigen Blume an einem Stiel. Der Napf enthält Milch. Das andere Kind nagt an einem Stück groben, schwarzen Brodes.

Als die Frau den Fremdling erblickt, geräth sie in Bestürzung und will, ihre Kinder mit sich fortziehend, in die Hütte fliehen; doch der Mann beruhigt sie und macht ihr klar, daß der Fremdling in friedlicher Absicht und offenbar nur deshalb gekommen sei, um die Sitten und Einrichtungen des Pfahlvolkes kennen zu lernen.

Ein Stadtbauberf

Da entschwindet alle Furcht und die Frau lächelt dem Fremden unbefangen zu. Auch die Kinder werden zutraulich und nähern sich ihm ohne Zagen.

Der Pfahlmann ladet jetzt den Ankömmling zum Eintritt in die Hütte ein. Er schiebt die Bastmatte, welche die Stelle der Thür versieht, bei Seite und begiebt sich mit seinem Gast in das Innere, wohin ihm Gattin und Kinder folgen. In dem keineswegs allzugroßen Raume herrscht Dämmerung, so daß man nur diejenigen Gegenstände erblicken kann, welche sich am Eingange der Hütte im Bereiche des Tageslichts befinden. Auf einem rohen Gestell sind eine Anzahl Thongefäße aufgestellt. Einige, welche umgekehrten Zuckerhüten gleichen, stehen mit dem spitzen Ende in einem Thonringe. Alle sind plump und ungefüge, ihr ganzer Schmuck ist hin und wieder ein Finger-Eindruck. Bei näherer Betrachtung gewahrt man darunter einen rauchgeschwärzten Topf, der augenscheinlich zum Kochen dient, einige Wassergefäße und mehrere Geräthe, die wie Teller und Schüsseln aussehen. Der Fremdling macht der Frau begreiflich, daß er durstig ist, und sie reicht ihm ein mißgestaltetes Trinkgefäß mit Wasser.

Der Mann hat unterdeß zwei Holzstücke hervorgesucht, welche die Aufmerksamkeit seines Gastes in Anspruch nehmen. In dem einen befindet sich ein Loch und durch dieses steckt er das andere Holzstück — ein Stäbchen, das er zwischen den Händen rasch zu drehen beginnt. Bald zeigt sich ein feiner Staub, welcher durch die Wärme-Entwickelung zu glimmen anfängt; schnell hält der Mann ein Stück Feuerzunder an den glimmenden Staub, und kurze Zeit darauf hat er eine rohe Thonlampe angezündet, welche mit mattem Schein das Innere der Hütte erhellt.

Fast alle Gegenstände, welche ihm in die Augen fallen, erregen die Verwunderung des Fremden. An der einen Wand lehnen die Waffen des Mannes. Man erblickt einen Bogen von Eibenholz und mehrere Pfeile. Letztere sind von Rohr und mit Feuersteinspitzen versehen. Einige Spitzen sind auch aus Knochen, andere aus Bergkrystall. Daneben liegt ein Beil aus Serpentinstein, in ein Stück von einem Hirschgeweih eingeklemmt, ferner eine Schleuder und scheibenförmig geschliffene Schleudersteine, weiterhin eine Keule aus Eichenholz.

In der Hütte erblickt man ferner eine Steinplatte, welche als Feuerherd dient, sauber gearbeitete Matten aus Lindenbast und im Hintergrunde die Lagerstätte der Familie, bestehend aus Moos, Binsen und Thierfellen. Es giebt weder Bänke noch Stühle hier und nur jener riesige Thierschädel dort — jedenfalls vom Ur — scheint zuweilen als Sessel benutzt zu werden.

Der Fremde verläßt die Hütte und seinen Gastfreund. Der See, welcher ihn von allen Seiten umgiebt, wimmelt von Fischen. Das klare Wasser läßt Hechte, Karpfen und Weißfische erkennen. An dem Pfahlwerk tummeln sich Enten umher und in der Ferne schwebt hoch in den Lüften der Fischadler. Einen nicht minder fesselnden Gegenstand bietet das Gestade, das man jetzt vom Pfahldorfe aus auf eine weitere Entfernung zu überschauen vermag. Außer den Getreidefeldern und Weidetriften wird das Auge angezogen von dem hier nicht erwarteten Anblick einer — Töpferei. Mehrere Männer sind beschäftigt, aus mit Quarz vermischtem Thon Geschirr mit der Hand zu formen und die rohen Gefäße mit Graphit oder Röthel zu bemalen. Die ungefügen Geräthschaften werden am offenen Feuer gebrannt. Neben der Töpferei liegt eine andere Werkstatt, in welcher Geräthschaften aus Feuerstein gefertigt werden. Die Abfälle des Steines bilden am Gestade bereits eine ansehnliche Bank; die Fabrik muß also schon längere Zeit bestehen. Eben wird eine Sendung fertig gewordener Waffen verladen. Der Kahn, der zu diesem Zwecke am Ufer hält, ist aus Einem Baumstamm gehauen.

In diesem Augenblicke wird es auf dem Wiesenpfade, welcher zu der Verbindungsbrücke führt, lebendig. Ein Zug Männer kehrt von der Jagd zurück. Auf einer rohen Bahre, die von mehreren jugendlichen Jägern getragen wird, ruht ein erlegter riesiger Edelhirsch von der Höhe eines Pferdes. Das Wild ist aufgebrochen, sein Fleisch verspricht einen schmackhaften Braten, sein prächtiges Geweih das schönste Material zur Herstellung werthvoller Geräthschaften. Da springt ein Hase neben dem Jagdzuge auf; allein keiner der Jäger hält es der Mühe werth, dem rasch enteilenden Lampe einen Pfeil nachzusenden; man wendet sich im Gegentheil mit Abscheu von ihm ab. Mit zärtlichen Blicken wird dagegen Freund Reinecke betrachtet, der sich unter der Fülle des erlegten Wildes befindet und ebenfalls einen herrlichen Braten in Aussicht stellt. Zwei Männer tragen eine lebende Eule, welche bei Durchstöberung eines hohlen Baumes erbeutet wurde. Der Vogel ist, seinem Benehmen nach, mit der Beraubung seiner Freiheit durchaus nicht einverstanden und strebt — vom Tageslicht geblendet — mit unbeholfenem Flügelschlag zu entfliehen; jedoch werden diese Versuche durch einen um seine Füße geschlungenen Strick vereitelt.

Sobald die Jäger im Pfahldorfe angekommen sind, entsteht eine lebhafte, freudige Bewegung. Die Frauen, deren Männer bei dem Jagdzug betheiligt sind, legen die Spindel, mit der sie noch eben spannen, oder die Webarbeiten, deren Herstellung ihre kunstfertige Hand betrieb, bei Seite und begrüßen die Rückkehrenden. Die Beute wird vertheilt, und bald trifft man von allen Seiten Anstalten zu leckeren Mahlzeiten. Die Frauen erfrischen vor der Hand die ermüdeten Gatten mit Milch und Erdbeeren; letztere befinden sich in grünen Binsenkörbchen. Auch grobes, schwarzes Brod und Käse werden herbeigebracht, ferner gedörrte Holzäpfel und Holzbirnen. Während diese Nahrungsmittel verzehrt werden, findet in den Wohnungen die Zubereitung der kräftigeren Fleischkost statt.

Doch der Fremde hat genug geschaut, und auf demselben schmalen Stege, auf welchem er kam, verläßt er die See-Ansiedlung wieder.

Die Sonne neigt sich dem Untergange zu.

Noch lange verweilt der Wanderer am Ufer, bis es am Gestade und im Dorfe still wird und immer stiller. Der Mond geht auf und erfüllt den See und dessen Umgebung mit bleichem Glanz.

Lautlos ruht das Dorf; die See=Ansiedler schlummern. Durch die Nacht aber, von der Ferne her, dringt das dumpfe Gebrüll des Ur, — möglich, daß das furchtbare Thier in eine der zu seinem Fange angelegten Erdgruben gefallen ist und in ohnmächtigem Zorn gegen die Wände seines Kerkers anrennt. In der Nähe, dort bei dem Riesenbaume, erscheint der gewaltige Elch und vernimmt staunend das unterirdische Tosen zu seinen Füßen. Langsam schüttelt er seine riesigen Schaufeln, während ein Wildschwein von ungeheurer Größe aus dem Dickicht bricht und wie ein Nachtgespenst sogleich wieder im Walde verschwindet.

5. Leben und Treiben der Pfahlmenschen.
Industrie, Nahrungsmittel, Waffen, Häuser u. s. w.

Aus den vorhandenen Ueberresten hat die Wissenschaft auch nachgewiesen, wie das Pfahlbauvolk gelebt, was es getrieben hat. Wir lernten dieses Leben und Treiben zum Theil schon im vorigen Abschnitte kennen, malen aber, der Voll= ständigkeit wegen, das Bild, so weit dies an der Hand der Forschung möglich ist, weiter aus.

Die Pfahlmenschen waren eifrige Jäger und Fischer; doch haben sie auch Ackerbau und Viehzucht getrieben.

Weitaus das häufigste Jagdwild war der Edelhirsch, welcher damals be= deutend größer war als jetzt und die Rückenhöhe eines Pferdes erreichte. Man hat Geweihe von 60 Enden und noch mehr gefunden. Gewiß hat sein Fell vielfach zur Bekleidung gedient, obschon keine Reste hiervon vorhanden sind. Die harten Knochen und Geweihe wurden vielfältig zu Geräthschaften verwendet, und daß das Fleisch sowie das Mark der Röhrenknochen ein gesuchtes Gericht waren, beweisen die Zahnspuren und Messerkritze an den gut erhaltenen Resten. Die Schädel sämmtlicher eßbaren Thiere sind von den Pfahlmenschen eigen= thümlich hergerichtet worden; überall ist der Gesichtstheil abgeschlagen, um das Gehirn zugänglicher zu machen. — Die aufsteigenden Gelenkfortsätze sind immer durch einen Kunstgriff beseitigt, um das Mark dieses Knochens frei zu legen: ebenso sind alle größeren markhaltigen Röhrenknochen zerbrochen. Nicht weniger häufig als der Hirsch scheint das Reh gewesen zu sein, sodann das Wildschwein und das kleinere Torfschwein. Auffallen muß es, unter den Thieren, welche des Fleisches wegen gefangen wurden, den Fuchs in großer Anzahl zu finden, während der Hase verschmäht wurde; ebenso wurde das Eichhorn hie und da gegessen. Eigenthümlich ist es, daß, während alle übrigen Thiere damals größer waren als unsere jetzigen, der Fuchs damals bedeutend kleiner war. Seltenere Beute gewährten der Steinbock, die Gemse, das Elenthier, Biber, Dachs und Bär, die ebenfalls gejagt, aber, wie es scheint, nur selten gegessen wurden, denn ihre Zähne dienten mehr als Schmuck. Ferner gab es Wolf, Wildkatze, Hausmarder, Baummarder, Iltis, Fischotter, Igel, Biber, Hermelinwiesel u. s. w. Die mächtigen Ochsen Wisent und Ur wurden in großer Anzahl erlegt und es läßt sich, in Betracht der unvollkommenen Waffen der Pfahlmenschen, nicht leicht eine andere Fangart annehmen, als die mittels verdeckter Fallen oder Gruben. Von den damaligen Vögeln seien Taubenhabicht, wilde Tauben, wilde Enten, grauer Reiher, Storch, Schwan, Stein- und Fischadler, Schneegans, Möve, Wasser- und Haselhuhn genannt.

Neben dem Wild kommt aber auch überall das Fleisch gezähmter Thiere auf den Tisch der Pfahlbauer: die zahme Kuh und das gezähmte Schwein. Der Ochse war damals ein mächtiges Thier, mit großen, nach vorn gekrümmten sichelförmigen Hörnern. Andere Hausthiere waren noch Hund, Schaf und Ziege; erst in der allerspätesten Zeit tritt das Pferd hinzu. Das Fleisch des Hundes wurde nicht gegessen.

Unter den pflanzlichen Nahrungsmitteln steht obenan eine Art Brod, rundliche flache Kuchen, die, aus zerdrücktem Weizen oder in gleicher Weise behandelter Gerste gebacken, oft ganze oder wenig zermalmte Körner enthalten. Die Handmühle bestand aus einem flachen Steine und einem Kornquetscher, d. h. aus einem Kiesel, der, auf den Seiten flach gerieben, dazu diente, die leicht gerösteten Körner zu grobem Mehl zu verreiben. Aus dem zerriebenen Getreide wurde auch Mus gekocht; Töpfe mit solchen Ueberresten hat man nicht selten gefunden. Sehr häufig scheint, den großen Vorräthen nach zu schließen, Obst gegessen worden zu sein, und zwar nußgroße Holzäpfel, wie sie jetzt noch in unseren Wäldern vorkommen. Unserm Gaumen möchten diese Früchte wol wenig zusagen — sie zeichnen sich durch ihre Kleinheit und ihr großes Kernhaus wenig vortheilhaft aus; indeß finden sich, vielleicht als Erfolg einer beginnenden Obstbaumzucht, auch doppelt so große Aepfel. Diese Früchte, sowie die selteneren Holzbirnen, sind meist halbirt und wahrscheinlich als Wintervorrath getrocknet worden. Daneben finden sich viele Schalen von zerbrochenen Haselnüssen und die zackige Frucht der Wassernuß (Trapa natans), Steine von Kirschen, Schlehen, Traubenkirschen sowie massenhafte Kernchen von Himbeeren, Brombeeren, Hollunderbeeren und Erdbeeren. Sie beweisen, daß die Pfahlbauer die Annehmlichkeit eines säuerlichen Fruchtsaftes hochschätzten. Roggen gab es nicht.

Wie die Feldfrüchte, Weizen, Gerste, Flachs, auf den Aeckern der Pfahlbauer bestellt wurden, ist uns unbekannt. Der Ackerbau wurde, allem Anschein nach, nur im Kleinen betrieben, vielleicht auf einem geklärten und gartenähnlich eingefriedigten Stück Land zunächst dem See. Die Werkzeuge, deren man sich dabei bediente, waren noch sehr unvollkommen. Der Pflug war noch unbekannt. Einzelne hackenförmige Aeste und ähnliche Hirschhorngeräthe können als Hackinstrumente oder als einfache Pflüge gedient haben. Außer Fleisch, Brod und Früchten genossen die Pfahlbauer namentlich Milch, die auf mehrfache Weise verwerthet wurde, worauf eigenthümliche, flache Thongefäße mit siebartig durchlöchertem Boden schließen lassen. Käse war ebenfalls nicht unbekannt. Wenn wir bedenken, daß in Amerika, zur Zeit der spanischen Eroberung die Benutzung der Milch fast unbekannt war, so giebt uns dies immerhin einen hohen Begriff von der Viehzucht der Pfahlbauer.

Zur größten Bewunderung zwingen uns die vielseitigen Leistungen jener Menschen, wenn wir ihre spärlichen, mangelhaften Werkzeuge betrachten.

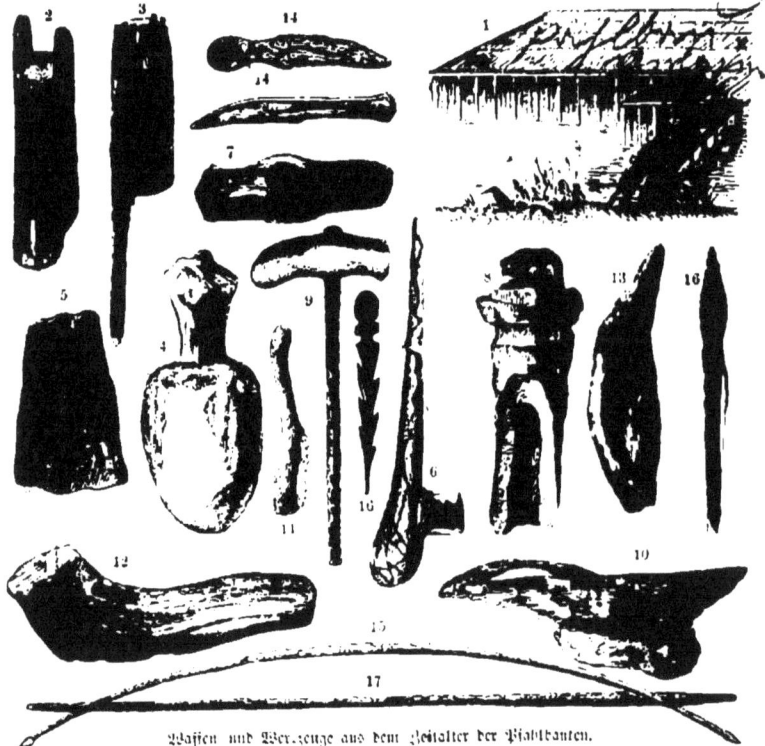

Waffen und Werkzeuge aus dem Zeitalter der Pfahlbauten.

1 Pfahlbau-Anlage. 2 Eckpfahldorf. 3 u. 4 Holzschlägel zum Einrammen der Pfähle 5 Steinbild. 6 Holzagt. 7 Steinhammer. 8 Steinbeil. 9 Beilhammer. 10 Steinsäge. 11 Feuersteinsäge 12 Hirsch= horn=Hammer. 13 Bärenzehe (Stechwerkzeug). 14 Messer aus Eibenholz. 15 Jagd= und Kriegsbogen aus Eibenholz. 16 Speerspitze. 17 Wurfspieß.

Harte Steine wurden auf großen Kieseln oder Sandsteinen gerieben und polirt, bis sie die keilförmige Gestalt der weitverbreiteten und allgemein be= kannten Steinbeile annahmen.

Je nach der Einfassung wurden diese Beile zu den verschiedensten Zwecken benutzt, als Messer in Hirschhorn gefaßt, als Keule, Beil, Hacke in einen gespaltenen Ast eingeklemmt und festgebunden. Feinere scharfschneidende Werk= zeuge, Messer, Pfriemen, Nadeln, Sägen, wurden aus den harten Röhrenknochen

des Hirsches geschliffen, oder aus weither bezogenen Feuersteinsplittern kunstreich
bereitet. Es mag auffallen, so wenig Waffen zu finden. Der Grund davon scheint
folgender zu sein. Ueberall ist auf den ersten Stufen der Entwickelung der Prügel
oder die Keule die zweckdienlichste und einfachste Wehr; hierzu mögen vorzüglich
die zahlreichen Steinbeile gedient haben.

Geräthe und Geschirre.

1 Uralter Topf. 2 Kochgeschirr. 3 Kochtopf mit Feuerring aus Thon. 4 Melkgeschirr. 5 Kanne.
6 Trinkgeschirr. 7 Urne mit Deckel. 8 Offene Vase. 9 Tafelplatte mit schwarzen und rothen Dreiecken.
10 Wagenrad. 11 Kamm. 12 Mondbild. 13 Thierbild.

Sehr selten finden sich Bogen, häufig aber Pfeile, oder doch Spitzen der=
selben aus Feuersteinsplittern und geschliffenen Hirschknochen. Die Bogen von
Eibenholz (Taxus baccata). Sonstige Waffen waren Speer und Schleuder,
zum Gebrauche der letztern gehörten scheibenförmig geschliffene Schleudersteine.

Zahlreich wurden in den Pfahlbauten künstliche Geflechte und Gewebe ge=
funden. Aus dem Bast der Linde flochten die Frauen zierliche Matten, wahr=
scheinlich zu Lagerstätten, vielleicht auch zu Thürverschlüssen und zur Kleidung;
nebenbei aber spannen und woben sie den Flachs. Hanf kommt nirgends vor,

dagegen Flachs in Pflanzenbüscheln, in Faden, Schnüren, Seilen, Strängen, Geflechten, Geweben und Theilen von Kleidungsstücken. Die Art der Bereitung dieser Gewebe ist noch nicht hinlänglich aufgeklärt. Wahrscheinlich diente dazu ein hängender Rahmen, ähnlich dem altägyptischen Webstuhl. Faustgroße thönerne Kugeln von großer Gleichmäßigkeit, die von einem fingerdicken Loche durchbohrt sind, finden sich häufig vor und haben wahrscheinlich bei dieser Art Weberei als Gewichte gedient. Herr Seidenband-Fabrikant Baur in Zürich hat einen Webstuhl eingerichtet, wie ihn die Alten möglicherweise gehabt haben können, und auf demselben ganz gleiche Gewebe wie die in den Pfahldörfern gefundenen hergestellt.

Die Gefäße zur Aufnahme von Flüssigkeiten hatten meist rundliche Urnenform und lassen auf ein nicht geringes Schönheitsgefühl der Verfertiger schließen. So findet man hier und da Becken, welche ordentliche Randverzierungen dadurch erhielten, daß der Töpfer in regelmäßigen Reihen seine Fingernägel in den weichen Thon eindrückte. Die Töpferei wurde jedenfalls schon als Gewerbe betrieben. (Eine solche Töpferwerkstatt befand sich zu Ebersberg am Berge Irchel bei Zürich; dort wurde ein Hügel von lauter zerbrochenem oder angefangenem Topfgeschirr vorgefunden; es hatte also schon damals das Gewerbe einen wirklichen Boden. Die Thongefäße der Steinmenschen waren noch ganz roh und grob. Thon, mit vielem Quarz gemischt, brannten sie am offenen Feuer. Die Glasur kannten sie nicht, doch kamen sie bald zu dieser Erfindung; es ist bekannt, daß durch das Brennen selbst in gewissen Thonarten eine Glasur erzeugt wird, so daß diejenigen, welche zuerst unglasirte Gefäße haben, von selbst darauf kommen müssen, sich der Glasur zu bedienen. Darum finden sich in den Pfahlbauten immer bessere Gefäße, welche die ersten Anfänge der Kunst zeigen. Die Gefäße sind aus freier Hand, nicht auf der Töpferscheibe gemacht, daher ist der Leib derselben oft ungleich, und es kommen Höcker vor. Die meisten sind nicht aus gereinigtem Thon, sondern aus gewöhnlichem, ungeschlämmten Letten gemacht, der mit erbsengroßen Kieselsteinen, auch mit Kohlenstückchen oder Kohlenstaub vermischt erscheint. Die Gefäße haben keinen Klang. Man kennt zwei Sorten derselben, eine gröbere und eine feinere. Die erste diente, allem Anschein nach, zum Kochen und zur Aufbewahrung der verschiedenen Vorräthe, die zweite wurde jedenfalls beim Essen und Trinken benutzt. Die bauchigen Töpfe sind von verschiedener Größe, 2—6 Maß haltend; es wurden jedoch auch Töpfe gefunden, welche 3 Fuß im Durchmesser hatten. Außer den verschiedenen Töpfen machte man aus Thon auch Vasen, Mehlgeschirre, Deckel zu Kochtöpfen, Trinkschalen, Lampen, Krüge, Zettelstrecker, Trinkbecher, Netzsenker, Spinnwirtel, Spindeln mit Wirteln, Thier- und Mondbilder. Die Thierbilder dürften Hausgötzen gewesen sein. Die Mondbilder, aus Thon, mit einem Fuß zum Stehen befestigt, wurden angeblich in den Wohnungen aufgestellt und verehrt. Doch ist dies eben nur eine Vermuthung, die sich einzig und allein auf die Verehrung des Mondes bei den Alten gründet. Den Celten und Galliern war der Mond heilig... die Truiden holten in einer

Mondnacht die Mistel mit der mondförmigen Sichel vom Eichbaum; der Mond besaß nach ihrer Religionsanschauung medizinische Kräfte, die ihm der Volksglaube noch heute zuschreibt, und wurde von ihnen als der „Allesheilende" verehrt. Wir wollen uns indeß hüten, dieser Vermuthung allzu hohen Werth beizulegen; vielleicht gelingt es der Forschung, später eine bessere Erklärung der Halbmondbilder zu geben.

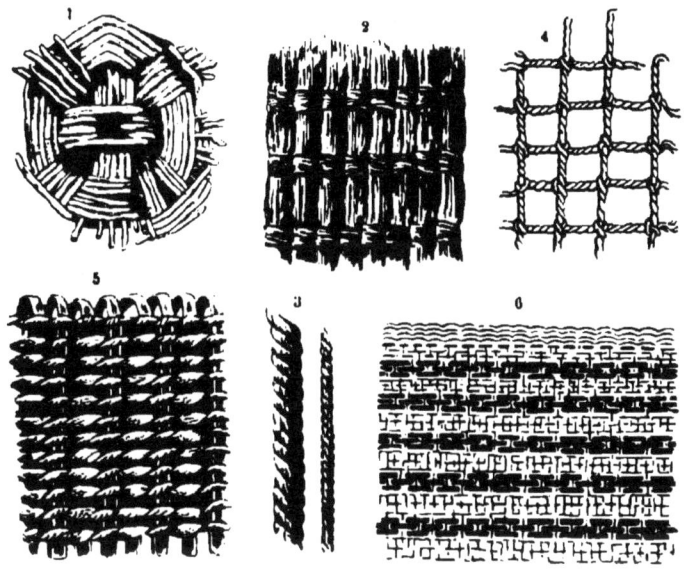

Aelteste Industrie-Erzeugnisse.

1 Korbgeflecht. 2 Decke, Matte. 3 Stricke und Schnüre. 4 Theil von Jagd- oder Fischernetz. 5 Dicker Stoff aus Baststreifen oder Schnüren. 6 Gelöpertes Gewebe.

Außer den thönernen Gefäßen giebt es auch aus Holz gefertigte Gegenstände, die zum Theil roh, zum Theil ziemlich kunstvoll gearbeitet sind. Man hat Suppenschüsseln, Quirle zum Buttermachen, Karrenräder, Kämme, Messer, Geschirre, Joche, Keulen, Schlägel, Dreschflegel, Jagd- und Kriegsbogen aus Holz gefunden. Man verwendete zu den Geräthen drei Holzarten: Eiben-, Ahorn- und Eichenholz. Die ersteren haben sich Jahrtausende hindurch im Wasser und in den Torfmooren ziemlich gut erhalten, das letztere zerfällt an der Luft.

Gewerbmäßig wurde außer der Töpferei auch die Anfertigung von Steinwaffen betrieben. Eine solche Steinwerkstätte fand man im Untersee des Bodensee's zu Bodmann und Litzelstätten auf, aus welcher man noch heute die schönsten Waffen von Feuerstein, Abfälle davon, zerbrochene Gegenstände u. s. w. herausfischen kann.

Als letzte Fundgegenstände seien noch die vielen Schmucksachen erwähnt. Sie bestehen aus den durchlöcherten Zähnen vom Bär, Wolf und Biber, durchbohrten bunten Steinchen, Korallen aus Hirschhorn u. dergl. Ja, selbst Glasperlen, die später durch Handel in den Besitz der Pfahlbauer kamen, wurden in Holz oder Bein nachgeahmt.

Schriften und Münzen finden sich nicht.

6. Untergang der Pfahldörfer. — Die Pfahlbauten in Deutschland. — Schluß.

Fragen wir endlich, auf welche Weise die Pfahldörfer untergegangen, so ist hierauf zu antworten: viele offenbar durch Feuer. Die Pfahlbauten scheinen, wie dies der Augenschein ergiebt, oft gänzlich abgebrannt zu sein; denn die Pfähle sind bis auf die Stümpfe verbrannt und oben verkohlt. Man braucht zur Erklärung des Brandes nicht gerade an jene große geschichtliche Feuersbrunst zu denken, welche, wie Cäsar berichtet, auf Veranlassung des Eingetorix in allen Gauen Helvetiens stattfand; vielmehr ist es sehr natürlich, daß die Pfahlbauer, um das mühsame Geschäft des Feuerentzündens durch dürre Hölzer zu umgehen, fortwährend ein Feuer unterhielten. Dann können Föhnstürme den Brand gefacht und die Vernichtung vollendet haben. Sie brannten also zufällig nieder und wurden nicht mehr aufgebaut. Dr. W. Hamm sagt hierüber: „Es ist nicht anzunehmen, daß diese Dörfer durch Krieg oder Gewalt zu Grunde gegangen wären, sondern man glaubt eher, daß sie durch Zufall abbrannten. Sehr viele scheinen sogar freiwillig von ihren Bewohnern verlassen worden zu sein — das beweist, daß sie zerfallen sind, die Stämme auseinander gebrochen und im See liegen. Und auch das spricht dafür, daß in denen, die freiwillig verlassen wurden, sich so wenig Werthvolles findet. Die Leute, welche fortzogen, weil sie des unbequemen Wohnens müde waren, nahmen, was sie brauchten, natürlich mit, und nur die Dinge sind im Seeschlamm noch zu finden, welche sie nicht mehr brauchten, oder die verloren gegangen in den See gefallen waren. Ebenso ist anzunehmen, daß die Bewohner auf die Brandstätten zurückkehrten und aus dem Wasser fischten, was noch zu retten möglich war. Dazu halfen ihnen wol ihre Kähne; denn sie besaßen Fahrzeuge aus einem starken Eichstamme — diese waren klein, muldenförmig und faßten höchstens zwei Personen. Auch in Irland werden in den Torfmooren, ebenso in Schleswig, derartige Kähne, sogenannte „Einbäume", ausgegraben. Sie sind noch heute auf dem Zuger-, dem Aegerisee und vielen bayerischen Gebirgsseen im Gebrauch. Die Bäume, aus denen diese Kähne gefertigt wurden, waren die stärksten, an welche die Pfahlleute sich machten; diejenigen, aus denen sie die Pfähle im See sich zurichteten, waren schwächer, und zwar blos ihrer mangelhaften Werkzeuge wegen. Sie mußten den ganzen Stamm mit einer in Holz gefaßten

Säge aus Feuerstein, die nicht größer war, als eine Spanne lang, rundum ein=
sägen, dann hingen sie sich oben an und brachen die Bäume um. Auf andere
Weise war die Fällung nicht gut möglich; man sieht auch noch heute an den
Pfählen, die uns erhalten sind, daß sie so und nicht anders geschah."

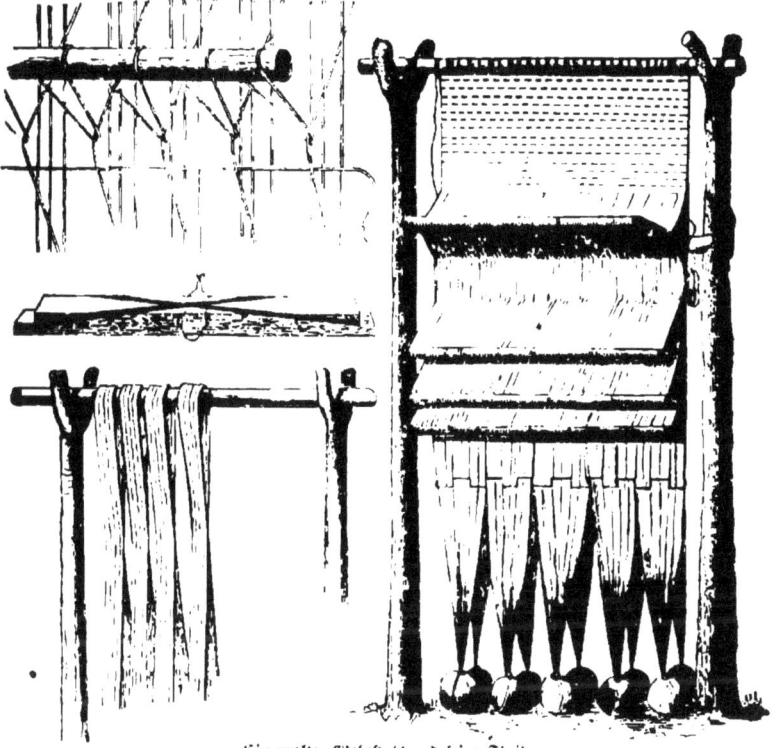

Ein uralter Webestuhl und seine Theile.

Wie lange die eigenthümlichen Verhältnisse der Steinzeit gedauert, wann sie
begonnen, wann sie geendet haben, ist bislang noch unentschieden. Der Uebergang
zur Bronze= und Eisenzeit vollzog sich in friedlicher Weise, und endlich trat das
Pfahlbauvolk, von einem neuen andringenden Volke vertilgt, weggetrieben oder
in sich aufgenommen, vom Schauplatze ab. Langsam verwehten die Jahrhunderte
die letzte Spur seines Daseins . . . „versunken und vergessen" lagen die Stätten,
die es inne gehabt. Erst der allerneuesten Zeit blieb es vorbehalten, die riesigen
Gräber jenes Geschlechtes zu öffnen und die Räthsel der grauen Vergangenheit
zu lösen.

Welt der Jugend. II 4.

Pfahlbauten werden nicht blos in der Schweiz gefunden; man traf sie auch in Oberitalien, in Savoyen, in Frankreich (in den Torfmooren von Abbeville), in Dänemark und in Irland. Die Entdeckung in Irland fällt in das Jahr 1833. Damals stieß man in einem Moore der Grafschaft Donegal in einer Tiefe von 14 Fuß unter der Oberfläche auf eine merkwürdige Hütte aus Baumstämmen. Sie hielt 12 Fuß im Geviert, war 9 Fuß hoch und hatte zwei Stockwerke von je 4 Fuß Höhe. Die Planken waren von Eichenholz. Die Hütte hatte ein flaches Dach und eine Pfahleinfassung. Im Innern fand man einen steinernen Keil, ein Stück von einer ledernen Sandale, eine Pfeilspitze von Feuerstein und ein hölzernes Schwert. Das Haus stand auf feinem Sande, unter dem das Moor 13 Fuß Tiefe hatte. Diese irländischen „Crannoges", wie sie heißen, scheinen weniger dauernde Ansiedlungen gewesen zu sein, vielmehr, wenn auch ursprünglich für andere Zwecke bestimmt, später Räubern und ähnlichem Gesindel als Schlupfwinkel gedient zu haben, wozu sie sich vortrefflich eigneten. Anscheinend später angelegt, als die schweizerischen Pfahlbauten, waren die Crannoges — „Holzinseln" — noch im Mittelalter bekannt. Sie werden mehrfach in den Chroniken erwähnt, und von einigen sind sogar die Namen der Besitzer auf unsere Zeit gekommen. Gegenwärtig sind sie überschwemmt, weil das Wasser der Seen durch Ausrottung der Wälder gewachsen ist. Ueber ihre Entstehung sind die Meinungen getheilt. „Cran" heißt eine natürliche Insel, wie sie an den Ufern von Seen so häufig vorkommen. In Irland sind es Untiefen von Lehm und Mergel, die im Sommer bei geringem Wasserstande trocken lagen, im Winter überschwemmt waren. Diese natürlichen Inseln wurden hin und wieder durch Pfahl- oder Mauerwerk befestigt, einzelne von ihnen waren durch Dämme mit dem Festlande verbunden, die meisten aber nur durch Boote erreichbar.

Wichtiger für uns sind die Pfahlbauten, welche man bei uns in Deutschland angetroffen hat, und mit denen ich meine jungen Leser noch bekannt machen will. Auch die deutschen Pfahlansiedlungen tragen genau dieselben Eigenschaften, wie jene in der Schweiz, und dadurch wird die gleiche Bildungsstufe der vorgeschichtlichen Bewohner beider Länder nachweislich.

Bei dem Ausmodden (Modde oder Mudde ist niederdeutsch und bedeutet weicher Schlamm) eines kleinen ehemaligen Sees unweit Wismar, welcher rings von Hügeln eingefaßt ist und seit Jahrhunderten zugeschlemmt war, so daß über dem mobbigen Untergrunde sich bereits eine zwei Fuß starke Lehmschicht gelagert hatte, fand man im Jahre 1864 die Reste von Pfahlbauten. In dem Urboden des Sees war ein doppelter Kreis von eingerammten eichenen Pfählen vorhanden, mit einem Durchmesser von 14—16 Fuß. Die oberen Enden der Pfähle waren verkohlt, woraus geschlossen werden darf, daß das Gebäude durch Feuer zerstört worden ist. Beim Nachgraben in der Tiefe fand man verschiedene Alterthümer, alle aus der Steinzeit, namentlich einen großen künstlich ausgehöhlten Mühlstein, verschiedene Keile aus Feuerstein und andere steinerne Geräthe, ferner Scherben von irdenen Gefäßen und Thierknochen.

Namentlich wurden in den **oberbayerischen Gebirgsseen**, im Starnberger See, Ammer-, Staffel-, Chiem-, Rieg- und Osterfee, Pfahlbauten entdeckt. Letztere, die kleinsten Seen, zeigten die geringsten Spuren. (Auch in der Schweiz sind die Reste der Pfahldörfer in den kleinen Seen weit seltener, als in den großen. Der Neuenburger See, in welchem nicht weniger als 47 Pfahlbau-Ansiedelungen nachgewiesen sind, besaß mehr solche Niederlassungen, als alle kleinen Seen der übrigen Schweiz zusammengenommen.) Das Merkwürdigste bei den Pfahlbauten im Starnberger See ist, daß die Pfähle, welche bis auf einen Fuß Durchmesser haben und häufig oben spitz zugehen, unter der Insel fortzulaufen scheinen, so daß die **Rosen-Insel** im Starnberger See, auf welcher sich ein Sommerpalast des Königs befindet, eine künstliche ist. Die Pfahlbauten an der Rosen-Insel wurden übrigens mit Hülfe eines Mannes entdeckt, der sich den Ruf eines Pfahlbaufinders in der Schweiz erworben hat. Dieser Mann ist ein gewöhnlicher Fischer, Namens **Hansli** in Biel. Er wird überall geholt, wo man Pfahlbauten zu finden hofft, da er eine bewunderungswürdige Geschicklichkeit in der Auffindung derselben durch langjährige Uebung erlangt hat. Die Natur hat ihm die scharfen Augen eines Fischreihers verliehen, er erkennt die kleinsten Gegenstände in den Fundschichten auf dem Seegrunde und holt sie mit der Zange heraus.

Ferner wurden Pfahlbauten in **Tyrol** — bei Montigl in einem der dort befindlichen Seen —, am **Plönsee** bei Lübtow in Pommern und bei **Lünen** entdeckt. Die Baustätte bei Lübtow nimmt einen Raum von 140 Schritt Länge und 120 Schritt Breite ein. Die Pfähle sind zwar in den letzten Jahren zum Theil herausgezogen und bei ihrer brauchbaren Beschaffenheit zu wirthschaftlichen Zwecken verwendet worden, aber ein großer Theil steht noch jetzt, und es lassen sich die geraden Linien, in denen sie ursprünglich eingelassen sind, deutlich verfolgen. Fast sämmtliche Pfähle sind von Eichenholz, 4 bis 16 Fuß lang und 8 bis 10 Zoll dick. In der untersten Fundschicht stieß man auf Scherben von Thongefäßen, Meißel, Hämmer von Stein, einen Meißel von Bronze, eine Masse von Wirthschaftsabfällen, Thierknochen, Geweihe, verkohltes Getreide u. s. w. In der oberen Schicht fand man Geräthe von Eisen, z. B. ein Messer mit roh gearbeitetem Hirschhorngriff, Lampen- und Pfeilspitzen, Speren, eine Zange u. s. w. Daß dieser Pfahlbau durch Feuer zerstört wurde, ist deutlich sichtbar. Die neueste Pfahlbau-Entdeckung ist die in der Lippe bei Hünen. Im Monat November 1865 stieß man nämlich in der Lippe, zu einer Zeit, wo diese fast alles Wassers entbehrte, tief im Schlamme auf Holz und fand, als man weiter nachgrub, große Kähne, die dort vergraben lagen, sowie bei den Kähnen Waffen und Geräthe der mannichfaltigsten Art, die ohne alle Spur von Metall, aus Stein oder aus Knochen und Hirschgeweihen, nicht ohne Kunst gefertigt waren. Zuletzt fand man auch die Gerippe Derer, welchen wahrscheinlich diese Geräthe gedient hatten.

Allem Anschein nach ist mit diesen Entdeckungen die Zahl der Pfahlbauten noch lange nicht erschöpft, vielmehr steht zu vermuthen, daß die deutschen Seen und auch Flüsse noch manche hochwichtige Ausbeute liefern werden. Die Pfahlbauten wurden in den Niederungen, in Flußkrümmungen, auf Inseln, in Sümpfen und Seen angelegt. Eine Menge noch heute vorhandener Ortsnamen bedeuten aber, wenn man sie aus dem Altkeltischen in's Deutsche übersetzt, „Ort in einem Flußwinkel, Wasserdorf, Seedorf, Flußveste" u. s. w. Die meisten Orte längs der Elster- und Pleißenmündung um Leipzig sollen solche Wasserburgen gewesen sein und deren Reste, d. h. die Gräben, an manchen Orten noch stehen, z. B. bei Schleußig (zu deutsch Schloß-Haus). Bei Connewitz, Kleeberg und wahrscheinlich noch an vielen anderen Orten dürfte man ebenfalls Ueberreste von Pfahlbauten entdecken, wenn man nur erst Acht geben wollte. Leipzig bedeutet im Altkeltischen ebenfalls nichts Anderes, als Ort in einem Fluß-, Wald- oder Sumpfwinkel, Liub Winkel, Ecke — und tigh Haus, Ort; der Name zeigt an, daß die Uranfänge Leipzigs in einer Krümmung der Pleiße zu suchen sind. Solche Krümmungen wurden der leichteren Befestigung wegen gewählt; denn während das Wasser den Ort von drei Seiten umgab, war nur noch auf der vierten, d. i. der Landseite, ein Palissadenwerk anzubringen.

Es giebt außer Leipzig eine zahllose Menge von Ortschaften in Deutschland, deren Namen aus dem keltischen Liub entstanden oder mit demselben verbunden sind, z. B. Gottwinkel am Bodensee, zu deutsch Seewinkel, Gottleuba, s. v. w. Waldwinkel, Lobsdorf, Lobendorf, Lobenau, Lobstätt, ferner die vielen Ortschaften, welche jetzt Lauffen heißen und alle in Flußwinkeln liegen, in Nordthüringen die vielen auf leben oder leben, wie Memleben, Aschersleben u. s. w.

Der Name deutet hier immer darauf hin, daß der Ort ehemals pfahlbaulich befestigt war. Wie viele unentdeckte Pfahlansiedlungen muß es also in unserm Vaterlande noch geben! Der Forschung steht hier noch ein ungemein großes Arbeitsfeld offen, und sie wird an dessen Ausbeutung gewiß um so freudiger gehen, als allem Vermuthen nach in vielen Fällen auf günstigen Erfolg zu rechnen ist.

Wollen es unsere jungen Freunde versuchen, auf eigene Faust solche Forschungen zu unternehmen, so mögen sie dabei aus dem oben angegebenen Grunde namentlich die Flußkrümmungen in's Auge fassen. Es versteht sich ferner von selbst, daß man nicht bei Hochwasser auf dergleichen Nachforschungen ausgeht, sondern dazu die Zeit benutzt, wenn die Gewässer gefallen sind; je tiefer, desto besser. Stets aber ist die nöthige Vorsicht zu beobachten, und Jüngere mögen sich lieber an Erwachsene anschließen, ehe sie sich etwaiger Gefahr aussetzen, denn das Wasser, um eine beim Volk übliche Redensart zu gebrauchen, hat nun einmal keine Balken, auf welchen man darüber hinweggehen kann. Im Uebrigen wünschen wir unsern jungen Pfahlbauten-Forschern den besten Erfolg in ihren Unternehmungen und verbinden damit die Bitte, über etwa vorkommende glückliche Funde an Herrn Otto Spamer in Leipzig, den Verleger der „Welt der Jugend" kurz zu berichten, welcher gern bereit ist, solchen Mittheilungen in diesem Werke ein geeignetes Plätzchen anzuweisen.

Erholungsstunden

Briefe an den jungen Tausendkünstler Walter.
Von W. Hellmann, Lehrer der t. Handelsschule in Hamburg.

Noch einmal die Wunderscheibe.

Aus meinem früheren Briefe wird Dir die Anfertigung der sogenannten Wunderscheibe und ihre nächste Benutzung mit Hülfe des Drehstäbchens noch erinnerlich sein. Ich will Dir nunmehr eine noch weitergehende Verwendung Deines selbstgemachten Apparates angeben. Lasse Dir zu diesem Zwecke von einem Klempner ein Rädchen aus starkem Blech verfertigen, genau von der Form und Größe wie Dir umstehend Figur 4 vorführt. Die Breite der Zähne ist, wie Du bemerken wirst, etwas geringer als die Breite der Lücken zwischen denselben. Die beiden Löcher in der Mitte sind etwas weiter als $1/4$ Zoll (vgl. den Maßstab Fig. 1 auf Seite 2) vom Rande entfernt und so groß, daß gewöhnliche, einen Zoll lange Holzschrauben bequem hindurchgehen.

Auf ein ebenes Bretchen lege nun eine Scheibe von starkem Kartonpapier und hierauf das blecherne Rädchen. In dieser Lage bohre durch den Karton und in das Bretchen hinein, indem Du den Bohrer in die Oeffnungen des Rädchens setzest, zwei Löcher von einer für die Holzschrauben passenden Weite. Jetzt schraube letztere, indem Du sie recht fest anziehst, hinein und schneide dann aus dem Karton mittelst eines recht scharfen Federmessers, welches Du innen dicht an den Rand des Rades und seiner Zähne hältst, ein eben solches Rädchen aus. Auf gleiche Weise werden aber noch sieben derartige Rädchen verfertigt und jedes derselben auf einer Seite mit einer farbigen Zeichnung versehen, wie sie sogleich mit Hülfe von Figur 5 beschrieben werden soll. Zunächst wird nämlich um den Mittelpunkt ein Kreis von ⅔" im Durchmesser gezogen und der ringförmige ¼" breite Zwischenraum zwischen dem soeben gezogenen Kreise und dem Randkreise des Rädchens durch mehrere schwarze Kreislinien schattirt. Alsdann werden die acht Zähne nach der Reihenfolge ihrer Nummern (1—8) folgendermaßen bemalt:

   1. roth. 2. rothgelb. 3. gelb. 4. gelbgrün.
   5. grün. 6. grünblau. 7. blau. 8. blauroth.

Nachdem Du in dieser Weise jedes Rädchen mit der entsprechenden Farbe bemalt hast, schneidest Du nun den innern, von dem schwarz-schattirten Radkranz umschlossenen Theil heraus, wodurch eine kreisförmige Oeffnung von derselben Größe wie die runden Oeffnungen der Schwungscheibe entsteht.

Fig. 4.   Fig. 5.

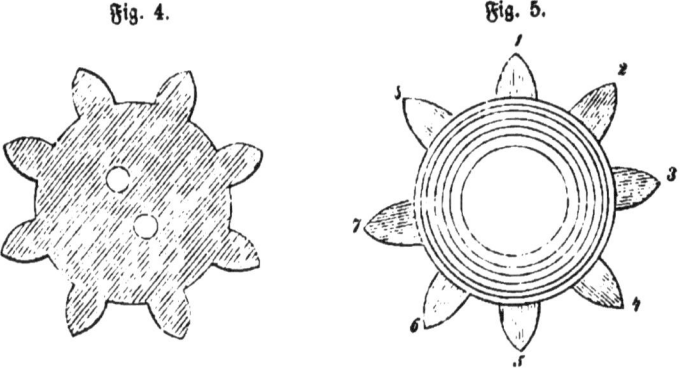

Befestige nunmehr die acht Rädchen mittelst Stecknadeln, welche am Fuße des rothen (1.) und des gelben (8.) Zahnes hindurch gestochen werden, so auf der Schwungscheibe über den runden Oeffnungen derselben, daß irgend ein Rädchen, welches wir das erste nennen wollen und welches von zwei viereckigen Oeffnungen gleich weit entfernt ist, mit dem rothen Zahn, das zweite (nach links gezählt) mit dem rothgelben u. s. f., endlich das achte mit dem blaurothen Zahn genau nach dem Mittelpunkt der Scheibe zeigt. Hiernach erscheint also jedes gegen das vorhergehende um einen Zahn gedreht und deshalb wirst du auch, falls du mit dem Apparat vor dem Spiegel in derselben Weise wie früher verfährst, durch die runden Oeffnungen immer die Rädchen an derselben Stelle sehen. Indessen wird sich dabei jedes in seiner Oeffnung zu drehen scheinen und zwar ein Mal bei jeder Umdrehung der Scheibe. Wenn Du dagegen durch die viereckigen Oeffnungen blickst, so werden sich die Rädchen nicht blos um sich selbst herumdrehen, sondern auch während je acht Umdrehungen der Scheibe rings am Umfange der letzteren herumlaufen, d. h. sich in ähnlicher Weise wie ein auf dem Boden fortlaufendes Wagenrad bewegen. Bei dieser Gelegenheit will ich Dich an den Dir vielleicht schon bekannten Umstand erinnern, daß wie jeder Gegenstand im Spiegelbild die Lage von rechts nach links wechselt, so auch das Spiegelbild der Scheibe mit den Rädchen in der Ruhe nicht genau dieselbe Figur zeigt, welche die Scheibe von der Vorderseite gesehen darbietet. Die Farben der Zähne der einzelnen Rädchen folgen nämlich in der oben angegebenen Ordnung, 1. roth, 2. rothgelb u. s. w. auf der Scheibe nach rechts, im Spiegel dagegen nach links, während die Farben der nach dem Mittelpunkt zeigenden Zähne jedoch in der= selben Ordnung auf der Scheibe nach links, im Spiegel nach rechts abwechseln.

Zum Zwecke eines weiteren Experimentes verfertige Dir aus starkem Kar= tonpapier ein Zahnrad, wie es die nächste Figur in $1/2$ der wirklichen Größe zeigt. Ziehe deshalb zuerst mit Bleistift die beiden Begrenzungskreise der Zähne, den äußeren mit $4^2/3$ Zoll, den innern mit $4^1/3$ Zoll Halbmesser, so daß hiernach die Zähne je $1/3$ Zoll lang werden. Theile sodann den ersteren in 56 gleiche Theile und jeden der letzteren wieder in zwei gleiche Stücke, die nicht vollkommen gleich sind, insofern auch hier die Zahnlücken etwas breiter sein müssen, als die Zähne selbst.

Hierauf ziehe ebenfalls mit Bleistift von den Theilpunkten aus die nach dem Mittelpunkt gerichteten seitlichen Begrenzungslinien der Zähne und schneide dann die Zeichnung aus, so daß eine gezahnte Scheibe entsteht. Die Zähne be= male jetzt mit Farben in solcher Weise, wie es die Ziffern angeben, mit denen die Zähne bezeichnet sind (vgl. die oben angeführte Farbenordnung). Die übrige Zeichnung mache so, wie sie die Figur zeigt, nur, wegen des verkleinerten Maß= stabes der letzteren, in doppelter Größe. Der Radkranz A wird $1/4$", die Nabe $1/2$" breit. Die sieben Arme oder Speichen, welche den rothen Zähnen ent= sprechen, werden ungefähr 2 Zoll lang und an dem einen Ende $1/3$ Zoll, an dem anderen $1/2$ Zoll breit. Nunmehr befestige mittelst einiger, etwa sieben Heft= zwecken, dieses Rad mitten auf die Schwungscheibe (auf welcher sich noch von dem vorigen Versuch her die kleinen Rädchen befinden) in solcher Weise, daß die nach dem Mittelpunkte gerichteten Zähne der letzteren rechts neben den gleichfarbigen des großen liegen und dieselben berühren. Sollte dies bei dem einen oder anderen der kleinen Rädchen nicht genau möglich sein, weil Du etwa nicht richtig gezeich= net hast, so mußt Du das bezügliche Rädchen wieder lockern und in die angege= bene Lage zu bringen suchen, worauf Du es wieder fest machst. Nachdem dies geschehen, legst Du die Scheibe verkehrt auf ein Bret, mit einem Blatt Papier als Unterlage, und schlägst dann an den Stellen, wo sich die viereckigen Löcher der Schwungscheibe befinden, eben solche in das aufgeheftetete Rad. Drehst Du jetzt die Scheibe vor dem Spiegel, so wirst Du durch die viereckigen Löcher das große Rad mit der Scheibe in Ruhe sehen; die kleinen Räder aber rollen rings um dasselbe herum. Da nämlich das große Rad aus 7 ganz gleichen Theilen besteht, so bietet es, durch welches der viereckigen Löcher Du auch sehen magst, immer dasselbe Bild dar. Siehst Du dagegen durch die runden Löcher, so drehen sich alle Räder, die kleinen, wie das große, jedes um seinen Mittelpunkt und zwar gerade so, als würden erstere durch das letztere umgetrieben, wie die Räder in einer Mahlmühle.

Fig. 6.

Zu einem ferneren Versuche zeichne wieder auf starkem Kartonpapier acht von innen gezahnte Räder genau von solcher Größe und Beschaffenheit, als die nachfolgende Figur (7) zeigt, bei welcher die Ziffern ebenfalls, wie in voriger Figur, die Farben bedeuten, mit denen die Zähne zu bemalen sind. (Auch kannst Du Dir von einem Klempner ein solches Rad aus starkem Blech verfertigen lassen, wobei der äußere Umfang der Blechscheibe größer sein muß als derjenige des auszuschneidenden Rädchens, damit die, am Rande anzubringenden, Löcher für die Schrauben außerhalb des Rädchens liegen.) Schneide ferner aus demselben Karton eine kreisförmige Scheibe, so groß, daß sie, mitten auf die Schwungscheibe gelegt, die viereckigen Löcher bedeckt und die runden oben freiläßt. Befestige sie mittels Holzzwecken auf die Schwungscheibe und leime dann obige Räder dicht am Rande ringsherum so darauf, daß der Mittelpunkt eines jeden Rades mit dem Mittelpunkte der Scheibe und dem Mittelpunkte einer der runden Oeffnungen in gerader Linie liegt. Auch muß diese gerade Linie bei irgend einem der Rädchen, welches wir das erste nennen wollen, mitten durch die beiden rothen Zähne gehen, bei dem zweiten (nach rechts gezählt) durch die beiden rothgelben, bei dem dritten durch die gelben u. s. w., so daß also jedes folgende Rad gegen das vorige um einen Zahn gedreht erscheint.

Bei einem nunmehr angestellten Versuche vor dem Spiegel würden die Räder scheinbar ihren Ort nicht verlassen, aber sich um sich selbst drehen und zwar einmal während zweier Umdrehungen der Scheibe. Nun verbinde mit diesen Rädern die oberen kleineren Rädchen auf solche Weise (vergl. Fig. 7), daß zwei gleichfarbige Zähne einander berühren, und befestige dieselben mit= telst Stecknadeln. Es müssen aber, wenn bei dem ersten Räderpaar die rothen Zähne sich treffen, bei dem zweiten (nach links um die Scheibe herumgezählt) die benachbarten rothgelben, bei dem dritten die darauf folgenden gelben Zähne u. s. w. sich berühren, so daß jedes folgende kleine Rädchen in dem größeren um einen Zahn fortgerollt erscheint.

Drehst Du nun die Scheibe, wie ich es Dir schon früher gezeigt habe, vor dem Spiegel, so rollen die kleinen Räder, während einer Umdrehung der größeren, in letzterem nach übereinstimmender Richtung einmal rings herum, wobei sie selbst jedoch sich zwei Mal um ihren Mittelpunkt bewegen. Es wird Dir nicht schwer fallen, Dir die Gründe, weshalb alle diese Verhältnisse nur eine nothwendige Folge der Anordnung der Räder auf der Scheibe sind, durch langsames Drehen der letzteren klar zu machen. Etwas Besonderes bietet auch die Bewegung der kleinen Räder, für sich betrachtet, dar. Wenn Du z. B. den rothen Zahn irgend eines der kleinen Räder in's Auge fassest, so wirst Du bemerken, daß derselbe fortwährend mitten durch das größere Rad zwischen dessen beiden rothen Zähnen in gerader Linie hin und her geht. Wegen dieses Umstandes, welcher auf einer gewissen Eigenthümlichkeit der Kreislinie beruht, hat James Watt eine solche Zusammenstellung von zwei Rädern, von denen jedoch das größere stillsteht, bei der von ihm erfundenen Dampfmaschine anzuwenden versucht. Sie sollte dort zu einem bestimmten Zwecke dienen, den Du, falls Du Dich später einmal mit der Einrichtung der Dampfmaschine bekannt machst, dann ebenfalls kennen lernen wirst. Denkst Du Dir also bei obigem Versuche eines der größeren Räder stille stehend, während das kleinere darin herumrollt, so hast Du das sogenannte Sonnen= und Planeten=Rad des James Watt. Um letzteres durch unseren Apparat wirklich darzustellen, müßten alle größeren Räder gleiche Lage haben. Dann würden aber zugleich die kleineren Räder so angebracht sein müssen, daß jedes folgende gegen das vorhergehende um zwei Zähne fortgerollt erschiene; denn sonst würden sie immer in den größeren Rädern nur über 8 Zähne sich fort= wälzen und die übrigen 8 überspringen. Dagegen läßt sich der Versuch leicht so abändern, daß auch die kleineren Räder sich nur um sich selbst drehen, ohne in den größeren fortzurollen, und zwar so, als würden sie von den letzteren umge= trieben, wie es bei den von innen gezahnten Rädern mancher Wasserwerke vor= kommt. Zu dem Ende ließ nun oben an der bezüglichen Stelle „nach rechts" statt „nach links um die Scheibe herum gezählt".

Gesellschaftliche und andere Belustigungen.

Die Kreiswandlung. — Drei Paar Personen bilden, indem sie sich bei den Händen erfassen, so daß Jeder mit dem Gesichte nach Innen gewendet steht. Der Kreis soll nun derart verwandelt werden, daß die entgegengesetzte Stellung stattfindet, d. h. daß Jeder mit dem Gesicht nach Außen gewendet steht. Wie kann dies ge= schehen, ohne daß je zwei Personen einander los lassen?

Man wird die Wandlung gewöhnlich zunächst dadurch versuchen, daß Jeder seinen rechten oder seinen linken Arm erhebt und darunter hindurchkriecht. Aber dann stehen Alle mit über einander gekreuzten Armen und dies darf nicht stattfinden. Die Ver= wandlung soll vielmehr eine solche sein, wie man z. B. beim Umwinden eines Muffes das Innere nach Außen kehrt. Dies aber wird in unserem Falle dadurch erreicht, daß irgend ein Paar fest stehen bleibt und unter den Händen, mit denen es sich angefaßt hat, die sämmtlichen andern vier Personen hindurchkriechen läßt.

Ein frischer Blumenstrauß im Winter. — Willst du dich zur Weihnachtszeit oder noch später im Winter, wenn des Nordwinds erstarrender Hauch mit Eisblumen deine Fenster überkleidet, an dem süßen Geruch natürlicher Blüten erquiden, so schneide des Sommers liebliche Kinder, ehe sie noch ihre duftenden Kelche erschlossen, mit scharfem Messer im Stengel durch, verschließe den Schnitt mit Siegellack und wickele die abgeschnittenen Blumen sorglich in Papier ein. Bestreue hierauf den Boden einer nicht zu kleinen Schachtel mit trockenem Sande, breite die Blumen darauf aus, bedecke sie mit eben solchem Sande, schließe die Schachtel mit einem genau passenden Deckel und bewahre selbige an einem kühlen Orte auf.

Kommt nun der Augenblick, wo du die schlafenden Duftspenderinnen zu neuem Leben wieder erwecken willst, so ziehe sie aus ihrer sandigen Schlummerstätte hervor, löse den Siegellack vom Schnitte und stelle sie in ein Glas voll Wasser, in welchem du vorher Salz aufgelöst hast. Nach kurzer Zeit wirst du im Fenster deiner warmen Stube die Freude haben, Kelch und Knospe sich entfalten und ihre Blüten dem Lichte zuneigen zu sehen.

Magische und mathematische Kurzweil.

Die Todtenlampe. — In eine Untertasse von Porzellan schütte einen Eßlöffel voll Kochsalz und gieße darauf sechs Eßlöffel voll starken Weingeistes. Rühre nun diese Mischung tüchtig um, stecke ein Stück Docht hinein und zünde dasselbe an. Trägst du hierauf die Tasse in ein finsteres Zimmer, so werden alle Umstehenden an Farbe den Todten gleichen.

Magische Farbenwandlung. — Willst du aus zwei Gläsern voll klaren Wassers durch bloßes Zusammengießen ihres Inhaltes schwarzes Wasser bereiten, so laß in dem einen Glase, welchem du vier Loth gestoßener Galläpfel beigemischt hast, bis auf zwei Quart langsam einkochen, während du in das zweite Glas zwei Quart gießest und darin vier Loth Eisenvitriol auf kaltem Wege auflösest. Nachdem du beide Flüssigkeiten durch Fließpapier filtrirt hast, brauchst du sie nur zusammen zu gießen, um sofort schwarzes Wasser zu erhalten. — Willst du dieses so gefärbte Wasser auch noch als Tinte gebrauchen, so hast du nur nöthig, zwei Loth arabischen Gummi darin aufzulösen. In ähnlicher Weise kannst du auch aus einer mit Wasser oder Wein gefüllten neuen Feder schwarz schreiben. Vermische nämlich fein pulverisirte Galläpfel zu gleichen Theilen mit gemeinem trocknen Eisenvitriol zu einem feinen Pulver und reibe dieses Gemisch mittelst Baumwolle auf einem Blatt Papier tüchtig ein, so daß dessen glatte Oberfläche sich hart anfühlt. Nachdem du das überflüssige Pulver von dem Papier sorgfältig entfernt hast, tauche nur einen frisch geschnittenen Gänsekiel in Wasser, Wein oder sonst eine helle Flüssigkeit, schreibe damit auf das vorbereitete Papier und du wirst bemerken, wie aus deiner reinen weißen Feder schwarze Schrift fließt.

Magischer Streusand. — Eine weitere Ueberraschung kannst du mit den vorhin besprochenen beiden Wässern auf folgende Weise bereiten. Laß zwei Loth gemeinen Eisenvitriol auf einer warmen Ofenplatte in weißes Pulver zerfallen, zerstoße dieses Pulver in einem steinernen Mörser zu feinem Staube, mische 4 Loth zarten feinen Streusand darunter und bringe das Gemisch in eine Streusandbüchse. — Schreibst du nun mit dem vorher angegebenen Galläpfelwasser vor den Augen Anderer einige Worte auf Papier und bestreust diese unsichtbare Schrift, so lange sie naß ist, schleunigst mit dem eben besprochenen Streusande, so wird die Schrift, nachdem sie den Sand einige Augenblicke bedeckt hat und dann abgeschüttelt ist, schwarz erscheinen.

Das Testament des Sonderlings. — Ein Sonderling starb, und als sein Testament geöffnet wurde, fand man folgende Bestimmung: Zu Haupterben meines kleinen Vermögens setze ich meine vier Freunde Albert, Bernhard, Carl und Dietrich ein, wofern sie im Stande sind, die Höhe des Vermögens aus folgenden Angaben zu berechnen: A. soll ein Fünftel vom Ganzen, B. ein Viertel von der hierauf noch verbleibenden Summe, C. ein Drittel von dem dann noch vorhandenen Betrage, D. endlich die Hälfte der bleibenden Reste erhalten, während die andere Hälfte des letzteren unter Alle gleich zu theilen ist, so daß Jeder noch 180 Thlr. bekommt und dann im Ganzen so viel wie jeder Andere hat. Wie groß war das Vermögen?

Räthsel und Räthselfragen.

1.
Ein Zecher guckt in's Glas hinein,
Darin ist herber Apfelwein.
Er säuft sich voll und taumelt fort
Und läuft wie toll von Ort zu Ort.

Und wieder kehrt er, säuft noch mehr
Und wieder läuft er kreuz und quer,
Und säuft sich satt und läuft sich matt
Mit schwarzer Pfot' auf weißem Pfad.

2.
Ein schnaltsch Gewächslein sah ich gedeihn,
Das niemals grünte noch blühte;
Es scheute der Sonne lachenden Schein
Und weinte, wenn sie erglühte.

Es war unter Dach und doch im Frei'n
Und — was das größte Wunder —
Wuchs nicht aus der Tief' in die Höhe hinein,
Wuchs lustig von oben herunter.

3.
Die ersten bedeuten: als Pilger gehn
Dorthin wo heilige Bilder stehn.
Die letzte liegt auf der irdischen Bahn
Und der Wandrer stößt sich zuweilen daran.

Das Ganze war einst ein gewaltiger Held
Und erfüllte mit Grausen die christliche Welt;
Doch an einem Sterne sein Schicksal hing
Der sich senkte und blutig unterging

4. **Silbenräthsel.** Die eine ist schwer, die andren sind leicht; das Ganze ist schwarz und läuft auf Weiß.
5. **Buchstabenräthsel.** Fünf liefern Kristall, vier fressen Metall, drei blasen durch's All.
6. Drei liegen im Winterfeld, vier stehen im Sommerfeld, fünf haben das Sommerfeld durchflogen und sind in's Winterfeld gezogen.

Geschichtskalender.

Erinnerungstage vaterländischer Großthaten. Geburts- und Sterbetage berühmter Menschen.
(* bedeutet geboren, † gestorben.)

August.

1. 1840. Karl Otfried **Müller**, † zu Athen. Alterthumsforscher, Schriftsteller über antike Kunst und Literatur (* zu Brieg, 28. August 1797.)
   1842. Vollendung des im Jahre 1825 begonnenen Themse-Tunnels in London durch den Mechaniker Isambert Brunel.
2. 1779. Lorenz **Oken**, * zu Bohlsbach in Schwaben. († 11. August in Zürich.) Deutscher Naturforscher. (Oken's Naturgeschichte.)
   1799. Jaques Etienne **Montgolfier.** †. Erfinder des Luftballons.
3. 1492. Columbus tritt seine erste Entdeckungsfahrt nach dem Westen an.
   1792. Richard **Arkwright**, Industrieller † zu Cromford. Gründer des Maschinenwebstuhls.
4. 1667. Carl Hildebrand Freiherr von **Canstein.** * in Lindenberg, Begründer der Canstein'schen Bibelanstalt († 1719 zu Halle.)
   1864. David **Hansemann**, Staatsmann und Bankdirektor, † in Schlangenbad. (Preuß. Finanz-Minister).
5. 1798. Carl August **Devrient**, * zu Berlin. Berühmter Schauspieler.
   1800. Johann Georg **Büsch**, Mathematiker und Schulmann. Stifter der ersten Handelsschule, † zu Hamburg.

6. { 1789. Friedrich **List**, * zu Reutlingen. National-Oekonom und Gründer des deutschen Eisenbahnwesens.
1862. Dr. Valentin Christian Friedrich **Rost**, berühmter Schulmann, † zu Weimar. (Griechische Grammatik und Lexikon.)

7. { 1779. Karl **Ritter**, * zu Quedlinburg, Professor in Berlin († 28. Sept. 1859). Vater der neueren (wissenschaftlichen) Erdkunde.
1848. Johann Jakob v. **Berzelius**, † in Stockholm. (* am 20. August 1779.) Begründer der neueren Chemie.

8. { 1732. Johann Christoph **Adelung**, * zu Spantekow in Pommern. Deutscher Sprachforscher. (Adelung's Wörterbuch.)
1824. Friedrich August **Wolf**, Alterthumsforscher und Reformator der klassischen Philologie, † auf einer Reise in Marseille.

9. { 1759. Johann Christoph Friedrich **GutsMuths**, * in Quedlinburg. Lehrer in Schnepfenthal und Förderer des deutschen Turnwesens.
1783. Kaiser Joseph II. ruft die Bruderschaft der Menschenliebe in's Leben.
1822. Jakob **Moleschott**, * zu Herzogenbusch in Holland. Chemiker u. Physiolog.

10. { 1810. Camillo Graf **Cavour**, * zu Turin. Großer italienischer Staatsmann. Schöpfer des neuen Königreiches Italien.
1861. Friedrich Julius **Stahl**, Oberkonsistorial-Rath und berühmter Staatsrechtslehrer in Berlin, † in Bad Brückenau.

11. 1778. Turnvater Friedrich Ludwig **Jahn**, * zu Lenz in der Priegnitz.

12. { 1720. Konrad **Eckhof**, * zu Hamburg. Großer Schauspieler.
1762. Christoph Wilhelm **Hufeland**, * zu Langensalza, königlicher Leibarzt. („Verfasser der Kunst, das Leben zu verlängern.")

13. 1749. Johann Elias **Schlegel**, dramatischer Schriftsteller, † als Professor an der Ritterakademie zu Soroe.

14. { 1246. Gründung des Kölner Domes durch Konrad von **Hochstetten**.
1777. Hans Christian **Oersted**, * in Rudkjöbing auf Langeland. Entdecker des Elektromagnetismus. (Verfasser von „Der Geist in der Natur.")

15. { 1769. **Napoleon I. Bonaparte**, * in Ajaccio auf Corsika. Kaiser der Franzosen.
1771. Walter **Scott**, * in Edinburg, Dichter, Historiker und Romanschreiber.
1824. Karl Arnold **Kortum**, Arzt in Bochum, † in Mühlheim a. d. Ruhr. Verfasser der „Jobsiade"

16. 1738. Anton Wilhelm L'**Estocq**, * in Hannover. Preußischer Heerführer.

17. { 1786. **Friedrich II.**, der Große, von Preußen, † in Potsdam.
1855. Karl Adolph **Menzel**, Historiker, † in Berlin.

18. 1765. **Joseph II.** wird Kaiser von Deutschland.

19. 1780. Pierre Jean **Beranger**, * zu Paris, Frankreichs größter Volksdichter.

20. { 1639. Martin **Opitz**, von Boberfeld, Vater der neueren Dichtkunst, † zu Danzig.
1823. Friedrich Arnold **Brockhaus**, † in Leipzig. Gründer des Hauses F. A. Brockhaus in Leipzig (Buchhandlung, Buchdruckerei, Schriftgießerei u. s. w.)

21. 1838. Louis Adalbert von **Chamisso**; Naturforscher, Schriftsteller, Dichter. † in Berlin.

22. 1828. Franz Joseph **Gall**, Begründer der Phrenologie, † zu Montrogue bei Paris.

23. 1831. August Graf Neithard von **Gneisenau**, preußischer Feldmarschall, hervorragender Heerführer in den Befreiungskriegen. † zu Posen.

24. 1795. William **Wilberforce**, * zu Hull, unermüdlicher Fürsprecher der Negersklaven. (Abschaffung des englischen Sclavenhandels.)

25. { 1744. Johann Gottfried von **Herder**, * in Mohrungen. Präsident des Oberkonsistoriums in Weimar. Deutscher Klassiker. („Ideen zur Geschichte der Menschheit".
1819. James **Watt** † zu Heathfield, Erfinder der Dampfmaschine.
1822. Friedrich Wilhelm **Herschel**, großer Astronom † in Slough bei Windsor. (Riesen-Teleskop. Entdecker des Planeten Uranus.)

26. { 1802. Ludwig Michael **Schwanthaler**, * in München, Bildhauer. (Kolossalstatue der Bavaria.)
1813. Theodor **Körner**, Dichter, † bei Gadebusch den Heldentod.

22   Erholungsstunden.

27. { 1770. Georg Wilhelm Friedrich **Hegel,** * in Stuttgart. Professor in Berlin. Gründer eines eigenen Systems der Philosophie.
1776. Bertel Georg **Riebuhr,** * in Kopenhagen, Geschichts- u. Alterthumsforscher.

28. { 430 Aurelius **Augustinus,** † als Bischof zu Hippo Regius in Afrika. Einer der christlichen Kirchenväter.
1645 Hugo **Grotius,** (Hugo de Groot) berühmter Rechtsgelehrter, Staatsmann und Schriftsteller † zu Rostock.
1749. Johann Wolfgang von **Goethe,** * in Frankfurt am Main. Deutscher Dichterfürst.

29. { 1523. Ullrich von **Hutten,** † auf der Insel Ufnau (Züricher See). Vorkämpfer für Geistesfreiheit. (Epistolae obscurorum virorum.)
1756. Beginn des Siebenjährigen Krieges.

30. { 1666. Benedikt **Carpzov** der Jüngere, † zu Leipzig. Größter Rechtsgelehrter seiner Zeit. (20,000 Todesurtheile gingen durch seine Hand.)
1813. Schlacht bei Kulm. Gefangennahme Vandamme's durch die Preußen.

31. { 1740. Johann Friedrich **Oberlin,** * zu Straßburg. Pfarrer in Waldbach. Patriarch des Steinthals.
1807. Scharnhorst's Vorschlag zur Gründung der preußischen Landwehr.

Auflösungen
zu den in den Erholungsstunden Heft 7 und 10 gestellten Aufgaben.

1. **Das Handschlagen oder der Ring am Bande (S. 6):** Die Spieler bilden einen Kreis, erfassen ein zusammengeknüpftes Band, an dem ein Ring hängt, den Einer dem Andern zuschiebt. Ein im Kreise Stehender schlägt nach den Händen der Haltenden. Der Getroffene giebt ein Pfand; hat er den Ring, tritt er in die Mitte.

2. **Magisches Viereck (S. 7.):** Die fehlenden Striche, welche durch nebenstehende Figur veranschaulicht werden, sind die acht, welche zu löschen sind ..... □

3. **Geographisch-historische Aufgaben (S. 7.):** Masulipatam (Stadt in Ostindien)· Damiette. Cap Ortegal. Canossa. Calais. — Salem in Palästina. General Melas, geschlagen MDCCC (1800) — 14 Juni — bei Marengo, von Napoleon Bonaparte.

4. **Mathematische und ähnliche Aufgaben (S. 8.)**
   1. Schreibe: 987654321, zusammen = 45.
      Davon ab: 123456789,   „   = 45.
      Bleibt: 864197532, zusammen = 45.
   2. Im Ganzen 301 Schafe. — 3. 80 Jahre. — 4. Die vier Gewichte haben einen Pfundgehalt von 1. 3. 9. 27. — 5. Im Ganzen 81 Apfelsinen. — 6. Guter Rath in Gefahr: Man zählt von 6 nach 7 u. s. f.
   Ferner (S. 20.): Das hinterlassene Vermögen des Sonderlings betrug 3600 Thaler.

5. **Räthsel und Räthselfragen (S. 9.):** 1. Seifenblase. 2. Halbpart. 3. Leumund. 4. Fünf, Acht, Sechs, Zwei; Sieben, Eins, Neun, Fünf = Faß Senf. 5. Brief. 6. Modern.
   Ferner (S. 20): 1. Schreibfeder. 2. Eiszapfen. 3. Wallenstein. 4. Bleifeder. 5. Frost, Rost, Ost. 6. Eis, Reis, Greis.

Ende der zweiten Sammlung der „Welt der Jugend"

Feierabende.

Zweite Sammlung
der
Welt der Jugend.

(Nr. 7—10.)

Zu gefälliger Beachtung.

Diejenigen Abnehmer, welche die „Welt der Jugend" in einzelnen Heften bezogen haben und diese zweite Sammlung (Nr. 7—10) binden lassen wollen, können zu diesem Zwecke eine Pracht-Leinwanddecke im Preise von 10 Sgr. beziehen. Zur Unterweisung des Buchbinders über die Anordnung des Ganzen dienen die bezüglichen Notizen auf Seite VIII zu Anfang der Inhaltsübersicht, ferner auf Seite VI in Betreff der Einfügung der Ton- und Buntbilder, endlich noch die Bemerkung, daß die beiden Abschnitte unter dem Titel „Erholungsstunden" zu Heft 7 und 10, als Ganzes vereinigt, den Schluß des Bandes bilden.

Die Welt der Jugend.

Neue Folge
von

Otto Spamer's Illustrirter Jugend- und Hausbibliothek.

Herausgegeben in Verbindung mit

Dr. R. Andree, Th. Armin, K. G. von Berneck, Dr. H. Birnbaum, Dr. Ernst Boll, Dr. C. Böttger, Direktor W. Buchner, C. Cornelius, Hauptmann C. H. v. Debenroth, C. Diethoff, J. Ehlers, Dr. H. Falb, Dr. Joh. Falke, Dr. Hermann Göll, K. R. Göpner, Dr. Ed. Grosse, Dr. W. Hamm, Direktor Hübner-Trams, Hoffmann v. Fallersleben, H. Jäger, Dr. Ed. Kauffer, Dr. Agathon Keber, Dr. H. Kleinsteuber, Dr. G. Klette, Dr. Karl Klotz, R. Kretschmer, C. Laar, W. Lackowitz, Dr. M. Lange, Dr. C. F. Lauchhard, Dr. M. O. Mohl, Gebrüder Adolf und Karl Müller, G. Neuse, C. Ney, Dr. K. Oppel, Franz Otto, Dr. K. Pilz, Dr. Albert Richter, K. Schenkling, A. Schloenbach, Gust. Schmidt, R. Schurig, Oberpfarrer H. Schwerdt, H. Smidt, Rob. Springer, H. Stahl, H. C. Stötzner, Adam Struth, W. Taubert, W. Weltmann, Dr. W. Wägner, W. Werner, Dr. H. O. Zimmermann u. A.

Illustrirt durch zahlreiche Text-Abbildungen, Ton- und Buntbilder.

Nach Zeichnungen

von A. Beck, L. Burger, F. W. Keyl, C. Kirchhoff, F. C. Klimsch, H. König, Rob. Kretschmer, H. Leutemann, A. Toller u. A.

Nebst Karten, Musikbeilagen, Zeichnenvorlagen, Spielplänen u. s. w.

Zweite Sammlung.

Enthaltend Nr. 7—10, nämlich:

7. Licht und Schatten.   9. Kampf und Sieg.
8. Krieg und Frieden.   10. Diesseits und Jenseits.

Mit 140 Text-Abbildungen, sechs Ton- und Buntdruckbildern, einem Porträt-Tableau sowie einer Musikbeilage.

Leipzig und Berlin.

Verlagsbuchhandlung von Otto Spamer.

1867.

Feierabende.

Festgabe
in Schilderungen aus Natur und Leben, Heimat und Fremde,
alter und neuer Zeit.

Mit Beiträgen
von R. G. von Bernecki, Dr. H. Birnbaum, C. Dielhof, R. Göpner, C. Rauffer,
W. Lange, Gebrüder Adolf und Karl Müller, Franz Otto, H. E. Stöpner, W. Veſtmann.

Anhang:
Erholungsstunden.
Enthaltend:

Briefe über phyſikaliſche Experimente.
Mathematiſche und magiſche Kurzweil.
Einfälle und Lehren.

Aufgaben und Scherze.
Spiele und Beluſtigungen.
Räthſel und Räthſelfragen.

Geſchichtskalender.
Erinnerungstage vaterländiſcher Großthaten, Geburts- und Sterbetage berühmter Menſchen.

Sammt einer Beilage:
Frühlingslied, gedichtet von Heinrich Stein, in Muſik geſetzt von Kapellmeiſter Guſtav Schmidt.

Mit 140 Text-Abbildungen,
ſechs Ton- und Buntdruckbildern und einem Titelbilde.

Nach Zeichnungen und Entwürfen
von A. Beck, L. Burger, F. E. Klimſch, Rob. Kretſchmer, H. Leutemann, Adolf Müller, Aug. Ramsthal, H. Scherenberg, A. Toller.

Leipzig,
Verlag von Otto Spamer.

1867.

Sämmtliche Rechte vorbehalten, insbesondere das ausschließliche Recht zu Uebersetzungen in die französische und englische Sprache.

Druck von Bär & Hermann in Leipzig.

Vorwort.

Als wir etwa vor Jahresfrist mit der ersten Sammlung unserer „Welt der Jugend", einem stattlichen Bande von mehr als 500 Seiten unter dem anspruchslosen Titel „Lesestunden", vor die Oeffentlichkeit traten, da durften wir uns, im Hinblick auf die reiche Ausstattung wie auf den gediegenen und mannichfaltigen Inhalt, bereits der vielseitigsten Anerkennung rühmen, welche die vorher, im Laufe des verflossenen Jahres, einzeln ausgegebenen ersten sechs Bändchen, deren Vereinigung die erste Sammlung bildet, erfahren hatten. Und gerade weil der uns gewordene Beifall kein unverdienter war und weil wir wußten, daß wir auch fernerhin etwas Tüchtiges zu leisten vermöchten, knüpften wir nicht minder große Hoffnungen an die Fortsetzung dieses Unternehmens. Mit solchen Erwartungen haben wir rüstig und gehobenen Muthes die zweite Sammlung dieser „Neuen Folge der Illustrirten Jugend-Bibliothek" begonnen, als bald darauf jene verhängnißvolle Krise über Deutschland hereinbrach, die schon lange vor dem Ausbruch des eigentlichen Kampfes, des blitzartig vorübergegangenen blutigen Ringens der deutschen Stämme mit einander, fast allen geschäftlichen Verkehr lähmte und sich vornehmlich auf alle literarischen Unternehmungen wie ein schweres Bleigewicht senkte. In Folge dieser allgemeinen Verkehrsstockung sahen nun auch wir uns genöthigt, nicht nur die Ausgabe eines bereits zur Versendung reifen Bändchens einzustellen und ein anderes, bereits fertig hergestelltes Heft, dessen harmloser Inhalt sich nicht recht in den blutigen Ernst der Zeit schicken mochte, für eine spätere Gelegenheit zu belassen, sondern auch eine beträchtliche Anzahl schon zum Druck bereiter Aufsätze zurückzuziehen. Es trat die Frage an uns heran, ob wir, in Einklang mit unserm Programm und mit Rücksicht auf die erschütternden Zeitereignisse, nicht auch der gleichzeitigen Fortsetzung unseres periodischen Werkes einen entsprechenden Charakter, was wenigstens den Hauptinhalt dieses Bandes betrifft, verleihen sollten. Vor keinem Opfer zu Gunsten des Zweckes unseres Werkes zurückschreckend, haben wir uns dahin entschieden, den nach unserer Ansicht einzig richtigen Standpunkt zu wählen und unserm jugendlichen Leserkreise, unter möglichster Zurückhaltung in Bezug auf politische Zeitfragen, wenigstens das materielle oder sachliche Verständniß der letzten großartigen Begebenheiten der Gegenwart zu erleichtern. Es kam darauf an, die beispiellosen Kriegsergebnisse unseres denkwürdigen Jahres mit Rücksicht auf den hohen Standpunkt der Kriegstechnik unserer Zeit zu veranschaulichen und zu erklären, und in diesem Sinne die Beschaffenheit und die Fortschritte des gesammten Heerwesens, eines Werkes der Kriegsmeister und des Erfindungsgeistes mehrerer Jahrhunderte, in einzelnen Schilderungen und Bildern darzulegen.

Wie von diesem Standpunkt aus sich die Abhandlungen über „Schießpulver und Feuerwaffen", sowie über „Krieg und Frieden" von selbst erklären, so enthalten andererseits die Aufsätze über den großen „amerikanischen Krieg zu Lande und zu Wasser", sowie über den nicht minder bedeutenden „deutschen Krieg im Osten und im Westen" im Grunde nur eine weitere konkrete Ausführung jenes zeitgemäßen Grundgedankens.

Daß die übrigen Abhandlungen, zunächst die Lebensbilder von „Abraham Lincoln" und „Karl Ritter", ferner die Aufsätze über „Pfahlbauten" und das „atlantische Kabel", endlich die naturhistorische Skizze über die „Sprache der Vögel" und die moralische Erzählung „Schwester Demuth" in vollem Einklang mit unserem Programm sich befinden, bedarf wol kaum einer Erwähnung.

So glauben wir denn, selbst unter dem empfindlichen Druck der diesjährigen Geschäftsverhältnisse, die uns von Anbeginn unseres Unternehmens vorschwebende Aufgabe nie aus dem Auge verloren zu haben, wenn wir auch unsererseits der schweren und Opfer erheischenden Zeit dadurch einen Tribut zollen mußten, daß wir unsere diesjährige Sammlung auf vier Bändchen zu beschränken uns veranlaßt sahen. Um so zuversichtlicher hoffen wir aber, daß mit dem wieder eintretenden Weltfrieden, gleich anderen Unternehmungen, auch unsere „Welt der Jugend" wieder mit unverminderter Kraft und vielleicht auch mit erhöhtem Erfolge fortleben werde. Zu diesem Zwecke wiederholen wir unsere bereits im vorigen Bande ausgesprochene Erklärung, daß unseren Absichten wesentlich dadurch Vorschub geleistet werden könne, wenn Eltern, Lehrer und Erzieher, die unserem Unternehmen den Eingang in ihre Kreise gönnen, sich künftig dazu entschließen wollten, die Fortsetzung alsbald nach Erscheinen der einzelnen Nummern zu beziehen, um der jungen Leserwelt die sie interessirenden Schilderungen aus Zeit und Leben noch schneller als bisher in die Hände gelangen lassen zu können.

Leipzig, am 18. Oktober 1866.

Die Redaction der „Welt der Jugend."
Dr. M. Lange. Otto Spamer.

Ton- und Buntbilder,

welche an den bezeichneten Seiten (s. innere Paginirung) einzuheften sind.

1. Abraham Lincoln's erster Schulgang . . . . Titelbild
2. Kriegswesen und Heeresordnung zu Ende des Mittelalters (Doppel-Bild) Seite vii
3. „Abe Lincoln oder M'Clellan?" 41
4. Die Bifselstraße. Eröffnung einer künstlichen Wasserstraße durch den Urwald 161
5. Preußische Heerführer 209
6. Auf dem Marsche. „Garibaldi der Jüngere" an der Spitze seines Garde-Bataillons 252
7. Zu „Karl Ritter." Eine Berg-Besteigung 273

Inhalts-Ueberficht.

Die angegebenen Seitenzahlen beziehen sich auf die kleineren, durch den ganzen Band fortlaufenden, nach Innen zu befindlichen Seitenzahlen, während die viermal von Neuem beginnende Paginirung sich aus dem Umstande erklärt, daß der ganze Band aus vier einzelnen, ursprünglich für sich selbständigen Bändchen gebildet wird.

Lebensskizzen und Geschichtsbilder.

	Seite
Abraham Lincoln. Ein Lebenslauf vom Holzfäller bis zum Präsidenten	1
Karl Ritter. Der Vater der neueren Erdkunde	273
Schießpulver und Feuerwaffen. Erfindungen und Hülfsmittel auf dem Gebiete des Kriegswesens	73
Krieg und Frieden. Heerwesen und Kriegführung in alter und neuer Zeit	111
Der deutsche Krieg. Kriegsbilder aus dem Jahre 1866	209
Unter dem Sternenbanner. Bilder aus dem großen Land- und Seekriege der Nordamerikanischen Union	161

Verschiedene Aufsätze.

Das Volk der Pfahlbauten. Merkzeichen aus der Kindheit unseres Geschlechts	296
Die Sprache der Vögel. Auf Grundlage eigner Beobachtungen	47
Schwester Demuth. Moralische Erzählung	65

Erholungsstunden.

Physikalische Briefe an den jungen Tausendkünstler Walter. „Die Wunderscheibe"	1. 13
Gesellschaftliche Belustigungen. Ring am Bande. Aus den Pyrenäen	6.
Die Kreiswandlung. Ein frischer Blumenstrauß im Winter	18. 19
Magische Kurzweil und ähnliche Aufgaben	7. 19
Mathematische und verwandte Aufgaben	8. 19
Räthsel und Räthselfragen	9. 20
Einfälle und Lehren	9. 10
Geschichtskalender für Juli und August. Erinnerungstage vaterländischer Großthaten. Geburts- und Sterbetage berühmter Menschen	10. 20

Auflösungen

zu den vorangehenden Aufgaben, Räthseln u. f. w.	22

Beilage.

Frühlingslied, gedichtet von Heinrich Stein und in Musik gesetzt von Kapellmeister Gustav Schmidt.

Neue Ausgabe in Heften.

Zum Subscriptionspreis von 5 Sgr. = 18 Kr. rh. pro Heft zu beziehen.

Jeder Band ist einzeln zu haben. Preis dieser Separat-Ausgabe 1½ Thlr. — 2 Thlr. pro Band.

Zu beziehen durch alle Buchhandlungen des In- und Auslandes.

Neue Illustrirte
Bibliothek der Länder- und Völkerkunde
zur Erweiterung der Kenntniß der Fremde.

Neue Heft-Ausgabe.

Zum Subskriptionspreis von 5 Sgr. = 18 Kr. rhein. pro Heft zu beziehen.
6—10 Hefte bilden einen Band, welcher ein abgeschlossenes Werk enthält.
Es besteht nur eine Verbindlichkeit zur Abnahme von jemalig vier Bänden, deren Auswahl freigestellt ist.
Jeder Band ist auch einzeln zu haben und es kostet die Separat-Ausgabe in der Regel
pro Band geheftet 1½ Thlr. = 2 Fl. 24 Kr. rhein. — 2 Thlr. = 3 Fl. 36 Kr. rhein.
In eleg. engl. Prachtband 1⅔ Thlr. = 3 Fl. rhein. — 2⅓ Thlr. = 4 Fl. 12 Kr. rhein.

Inhalt der erschienenen und vorbereiteten Bände.

Neuere Reisen.

Amerika.
(Buch der Reisen, 1.—6. Heft.)

Kane, der Nordpol-Fahrer. Arktische Fahrten und Entdeckungen der zweiten Grinnell-Expedition zur Aufsuchung Sir John Franklin's in den Jahren 1853, 1854 und 1855 unter Dr. Elisha Kent Kane. Beschrieben von ihm selbst. Vierte durchgesehene Auflage. Mit 125 Text-Abbildungen, sechs Tondrucktafeln und zwei Kärtchen.

(Buch der Reisen, 7.—12. Heft.)

Die Franklin-Expeditionen und ihr Ausgang. Entdeckung der nordwestlichen Durchfahrt durch **Mac Clure**, sowie Auffindung der Ueberreste von Franklin's Expedition durch Kapitän Sir **Mac Clintock**, R. N. L. — Zweite durchgesehene und vermehrte Auflage. Mit 110 Text-Abbildungen, fünf Tondrucktafeln, mehreren Kartenumrissen, sowie einer Karte der nordamerikanischen Polarländer.

Der wilde Westen und das Indianer-Gebiet der Vereinigten Staaten. Reisen in den Prärien und Felsengebirgen Nordamerika's. In 8 Heften. Mit 150 Text-Abbildungen, 8 Tonbildern, einer Karte ꝛc. (In Vorbereitung.)

Afrika.
(Buch der Reisen, 13.—18. Heft.)

Livingstone, der Missionär. I. Aeltere und neuere Erforschungs-Reisen im Innern Afrika's. In Schilderungen der bekanntesten älteren und neueren Reisen, insbesondere der großen Entdeckungen im südlichen Afrika während der Jahre 1840 bis 1856 durch Dr. David Livingstone. — Dritte vermehrte, gänzlich umgearbeitete Auflage. Mit 90 Text-Abbildungen und vier Tondrucktafeln.

(Buch der Reisen, 19.—22. und 35.—38. Heft.)

Livingstone, der Missionär. II. Neueste Erforschungs-Reisen im Süden Afrika's und auf Madagascar. In Schilderungen von David Livingstone's neuesten Forschungen während der Jahre 1858 bis 1864; der Universitäts-Mission und Livingstone's letzter Expedition von 1860. Ferner der Reisen von Albert Roscher und Karl Mauch, der portugiesischen Expedition in das Land des Muata-Kazembe sowie der Reisen auf der Insel Madagascar während der letzten Jahre. Bearbeitet von Dr. Richard Andree. Zwei Abtheilungen. Mit über 100 Text-Abbildungen, 6 Tondrucktafeln und einer Uebersichtskarte des südlichen und mittleren Afrika sammt Madagascar, unter Angabe der Reiserouten von David Livingstone, du Chaillu, Andersson, Burton-Speke, Speke-Grant, A. Roscher u. s. w.

(Buch der Reisen, 53.—58. Heft.)

Die neuesten Entdeckungsreisen an der Westküste Afrika's. Mit besonderer Berücksichtigung der Reisen und Abenteuer, Handels- und Jagdzüge von **Paul Belloni du Chaillu** im äquatorialen Afrika, sowie von **Ladislaus Magyar** in Benguela und Bihe und **C. Joh. Andersson** am Okavango-Flusse. Bearbeitet von **Hermann Wagner**. Mit über 100 Text-Abbildungen, fünf Tonbildern und zwei Kärtchen ꝛc.

Buch der Reisen und Entdeckungen.

(Buch der Reisen, 59.—64. Heft.)

Abessinien, das Alpenland unter den Tropen und seine Grenzländer. Schilderungen von Land und Volk vornehmlich unter König Theodoros (1855—1868.) Bearbeitet von Dr. Richard Andree. Mit 80 Text=Abbildungen, 6 Tonbildern nach Originalzeichnungen und einer Uebersichtskarte von Abessinien.

Die Erforschung des Nilquellen-Gebietes und der angrenzenden Länder von Zanzibar bis Chartum. Nach Burton, Speke, Baker, Petherick, Henglin, v. d. Decken u. A. In 8 Heften. Mit 100 Text=Abbildungen, Tondrucktafeln, einer Karte rc. (In Vorbereitung.)

Heinr. Barth u. Ed. Vogel, die deutschen Afrika-Reisenden. Schilderungen ihrer Reisen und Entdeckungen in Central=Afrika, in der großen Wüste, am Niger, in den Ländern des Sudan, am Tsad u. s. w., während der Jahre 1849 bis 1855. Nebst einem Lebensabriß der Reisenden. Nach den besten Quellen bearbeitet von Hermann Wagner. Dritte, völlig umgearbeitete Auflage. In acht Heften. Mit 150 Text=Abbildungen, acht Tondrucktafeln und einer Karte. (In Vorbereitung.)

Asien.

(Buch der Reisen, 65.—74. Heft.)

Die Nippon-Fahrer oder das wiedererschlossene Japan. In Schilderungen der bekanntesten älteren und neueren Reisen, insbesondere der amerikanischen Expedition in den Jahren 1852 bis 1854 und der preußischen Expedition nach Ost=Asien in den Jahren 1860 und 1861. Ursprünglich bearbeitet von Friedrich Steger und Hermann Wagner. In neuer Auflage herausgegeben von Dr. Richard Andree. Zweite gänzlich umgearbeitete, vermehrte Auflage. Mit 150 Text=Abbildungen, sieben Tondrucktafeln, einer Karte von Japan rc. (In 10 Heften.)

(Buch der Reisen. 39.—46. Heft.)

Reisen in den Steppen und Hochgebirgen Sibiriens und der angrenzenden Länder Central=Asiens. Nach Aufzeichnungen von T. W. Atkinson u. A. Bearbeitet von A. v. Etzel und Hermann Wagner. Mit 120 Text=Abbildungen und fünf Tondruckbildern.

(Buch der Reisen, 47.—52. Heft.)

Das Amur-Gebiet und seine Bedeutung. Reisen in Theilen der Mongolei, den angrenzenden Gegenden Ost=Sibiriens, am Amur und seinen Nebenflüssen. Nach den neuesten Berichten, vornehmlich nach Aufzeichnungen von A. Michie, G. Radde, K. Maack und Anderen. Herausgegeben von Dr. Richard Andree. Mit 80 Text=Illustrationen, vier Tonbildern, sowie einer Karte des asiatischen Rußlands und den angrenzenden Theilen von Inner=Asien.

(Buch der Reisen, 23.—34. Heft.)

Die Ostasiatische Inselwelt. I. Land u. Leute von Niederländisch=Indien: den Sunda=Inseln, den Molukken sowie Neu=Guinea. Reise=Erinnerungen und Schilderungen, aufgezeichnet während seines Aufenthaltes in Holländisch=Ostindien und herausgegeben von Dr. S. Friedmann. **Das Tropen-Eiland Java.** Mit 120 Text=Illustrationen, fünf Tonbildern und einer Karte von Java.

Die Ostasiatische Inselwelt. II. Land u. Leute von Niederländisch=Indien: den Sunda=Inseln, den Molukken sowie Neu=Guinea. Reise=Erinnerungen und Schilderungen, aufgezeichnet während seines Aufenthaltes in Holländisch=Ostindien und herausgegeben von Dr. S. Friedmann. **Sumatra, Borneo, Celebes, die Molukken und Neu=Guinea.** Mit 82 Illustrationen, fünf Tonbildern und einer Karte der ostasiatischen Inseln.

Aeltere Reisen.

Cook, der Weltumsegler. Leben, Reisen und Ende des Kapitän James Cook, insbesondere Schilderung seiner drei großen Entdeckungsfahrten. Nebst einem Blick auf die heutigen Zustände der Südsee=Inselwelt. Herausgegeben von Dr. Karl Müller. Mit 120 Text=Abbildungen und fünf Tonbildern.

(Programm umstehend.)

Unser Programm.

Ein mächtiger Trieb führt den Menschen aus der Heimat in unbekannte Fernen. Den Einen stachelt die angeborene Wanderlust der Jugend, Andere zwingt des Lebens Mangel und Noth; frommer Eifer, Neugier oder der Durst nach erweiterter Kenntniß treibt Diese, Sucht nach Ruhm und Geldgewinn Jene. Vor Allen war es der Kaufmann, der von jeher sein Auge am weitesten hinausspähen ließ, sei es um neue Quellen für den Bezug hochgewertheter Stoffe, sei es um neue Absatzwege für die heimatlichen Erzeugnisse zu ermitteln.

Allein dieselbe Aussicht auf Gewinn, welche den Kaufmann spornte, für materiellen Vortheil die Mühen und Gefahren einer beschwerlichen Reise in den Kauf zu nehmen, sie veranlaßte ihn auch von Alters her, den Schleier des Geheimnisses über seine Entdeckungen zu breiten und durch abenteuerliche Märchen und schauervolle Schreckgestalten die Unkundigen von den geheimnißvollen Pforten zu den vermeintlichen Paradiesen und Dorado's zu verscheuchen.

Mehr oder weniger ausgedehnte geographische Kenntnisse haben auch die älteren Handelsvölker besessen; aber stets wußten sie dieselben in einen nebelhaften Schleier zu hüllen oder zu ihren eigenen Gunsten verfälscht in die Oeffentlichkeit gelangen zu lassen. Jener Phönizier, der sein Schiff lieber auf den Strand trieb, als daß er dem nachfolgenden Römer den Weg verrathen, war Jahrhunderte hindurch das Ideal der Handelsgeographen. Portugiesen und Spanier begruben sorgsam jede neue Kunde ferner Länder in den Archiven, und die Araber, die früheren Monopolisten des indischen Handels, betrachten noch heute das innere Afrika als ihre offizielle Handelsdomäne und erweisen sich allen Forschungsreisen mißgünstig. Doch die Zeit der Monopole ist vorüber; auch das geographische Wissen ist zum Gemeingut geworden, und die Ueberzeugung hat sich Bahn gebrochen, daß die Vermehrung geographischer Kenntnisse gleichbedeutend ist mit der Ausdehnung unseres gesammten Gesichtskreises, daß sich der geistige Horizont erweitert, sobald die Forschung bisher unbekannte Gebiete jenseit der Berge und Meere bloßlegt, daß Vorurtheile und beschränkte Anschauungen in demselben Grade fallen, als sich der Geist vielfältig übt im Vergleichen fremder Zustände mit jenen in der Heimat. Das Streben, die Ergebnisse, welche die verschiedenen Zweige der Wissenschaft errungen, der Gesammtheit zugänglich zu machen, es findet die ausgedehnteste Anwendung auch im Gebiet der Erdkunde, die heute mit den Naturwissenschaften eng verbunden und Hand in Hand vorwärts schreitet.

Von diesem Standpunkte ausgehend, hat sich das „Buch der Reisen" als Ziel gesetzt: dem großen Publikum in abgeschlossenen Bänden das Neueste und Wichtigste vorzulegen, was die Forschung der Gegenwart uns über ferne Länder bietet. Wo es irgend ausführbar ist, wird jeder Band dieser neuen illustrirten „Bibliothek der Länder- und Völkerkunde" ein abgegrenztes Gebiet behandeln und womöglich an die Persönlichkeit eines der neuesten, verdientesten Reisenden anknüpfen, der wieder einen Theil der Erde unserem Wissen erschloß. In den meisten Fällen entrollen wir in unsern Bänden in kurzen Uebersichten ein Bild der früheren oder gleichzeitigen nach dem betreffenden Gebiete unternommenen Reisen und bezeichnen so die Stelle, welche eine handelnde Persönlichkeit als Glied in der ganzen Kette der

Forscher einnimmt. Ebenso entwerfen wir in gedrängtem Rahmen ein **Ge=
mälde des Landes**, das den Schauplatz der Reise bildet. Das lebendige Wort
der Schilderung begleiten wir mit einer Reihe Abbildungen, welche oft viel
deutlicher die Eigenthümlichkeiten der Fremde dem Leser vor die Augen führen,
als es die gelungenste Beschreibung vermocht hätte, und bieten schließlich jed=
weden reich illustrirten Band mit den nöthigen Karten für einen Preis, welcher
die Anschaffung unseres Werkes dem Volke in seinen weitesten Kreisen gestattet.

Daß sowol Inhalt als Form unseres Unternehmens den dargelegten
Zwecken nach Möglichkeit entspricht, beweist die großartige Theilnahme, welche
die bisher erschienenen Bände im In= und Auslande gefunden. Von dem erst=
erschienenen Bande, „Kane's Nordpolfahrten", haben wir bereits **vier Auflagen**
— in zusammen über 15,000 Exemplaren — gedruckt und verbreitet,
ungerechnet die Uebersetzungen unseres Buches in fast sämmtliche Sprachen
Europa's. Ebenso ist von Livingstone's Missionsfahrten sowol als auch von
H. Barth's und Eduard Vogel's Reisen die völlig neugestaltete **dritte Auflage**
nöthig geworden. Ein so seltener Erfolg spornt uns an, auf dem betretenen
Wege rüstig fortzuschreiten.

In Betreff des Ganges, welchen wir einschlagen, lenken wir die Blicke
unserer Leser zunächst nach **Westen**, nach jenem Erdtheil, dem ja so mancher
Freund und Stammgenosse zugezogen ist, nach welchem schon die Phantasie des
Knaben schweifte, wenn er Robinson's Geschicke auf dessen einsamer Insel
verfolgte.

Im hohen, von ewigem Eis und Schnee umstarrten Norden Amerika's zieht
uns eine edle Mannesgestalt unwiderstehlich an: **Elisha Kane**, der geistes=
kräftige Sohn Amerika's, der unerschrocken das Eismeer durchfurchte und mit
eigener geschickter Hand in Wort und Bild uns ein Gemälde des Lebens am
fernen Pol entwarf, das uns gleichzeitig frieren und erglühen macht, — erglü=
hen für die aufopfernde Begeisterung zweier stammverwandter Nationen, die in
edlem Wettstreit sich bemühten, das verschollene Geschwader Franklin's aufzu=
finden. Jenes oft genannten Nordpolfahrers Geschick und beklagenswerthes Ende
beschäftigt uns in dem zweiten, der Neuen Welt gewidmeten Bande ein=
gehender. In demselben wird das Leben Franklin's geschildert, seine Reisen
im Norden des amerikanischen Kontinents, sowie alle die verschiedenen An=
strengungen, die in großartigstem Umfange unternommen wurden, um wenig=
stens die Spuren der Verlorenen in der Eiswüste aufzufinden. Eine besondere
Schilderung ist der letzten Aufsuchungs=Expedition unter M'Clintock gewidmet,
welche endlich das traurige Schicksal Franklin's und seiner Gefährten ent=
hüllt hat.

Die früheren Reisen Franklin's machen uns bereits mit den nördlichen
Indianerstämmen und den Verhältnissen der Hudsonsbai=Länder bekannt, —
in dem **dritten und vierten**, Amerika gewidmeten Bande gedenken wir
länger bei den rothen Söhnen der amerikanischen Wildniß zu verweilen. Wir
belauschen sie dann in ihren eigenthümlichen Sitten und Gebräuchen, auf ihren
Kriegspfaden und Jagdzügen und begreifen um so leichter den Zusammenstoß
der verschiedenen Völkerrassen, wie solcher in dem weiten Gebiet von Canada an
bis zu der heißen Hochebene Meriko's stattgefunden hat. Kühne Pioniere der
Civilisation geleiten uns von den bebauten Fluren der östlichen Staaten Nord=
amerika's nach dem fernen Westen. Die Gestalten eines Boone, Catlin, Astor,

das thatkräftige Auftreten eines Fremont, Bartlett, Möllhausen, Whipple und vieler Anderer tritt uns entgegen, gewissermaßen eine Personifizirung jener Länder selber, die sie erschlossen. Vorbei an dem Getümmel der Großstadt, an den schiffbelebten Strömen und dem nimmermüden Treiben der Farmer, begleiten wir die Pfadfinder durch die büffelreiche Prärie, durch die Wüsten des Hochlandes und die eisigen Schluchten der Felsenberge, bis wir im Schatten der Riesenbäume Californiens ruhen und über Gold=, Silber= und Quecksilber= Minen zu unsern Füßen, über die üppigen Gärten und Felder der schnell aufwachsenden Städte hinausschauen in die Zukunft des Landes, dem unter dem Sternenbanner der Vereinigten Staaten unbehinderte Entwicklung aller Verhältnisse vergönnt ist, und dessen Häfen jetzt schon die Schiffe aller Völker kommen und gehen sehen! Und nie waren die Aussichten auf eine herrliche Zukunft der großen Republik von Nordamerika vielverheißender, als eben jetzt, wo nach einem vierjährigen Kriege das zerrissene und in Blut getauchte Sternenbanner wieder hell und rein emporgestiegen, nicht mehr besudelt von dem Schandflecken der Sklaverei, und nun erst im vollen Sinne die Fahne der Freiheit, das Panier der Menschenrechte.

Haben wir nachmals in weiteren Bänden die interessanten Staaten des centralen Amerika gemustert, wo die Verbindung des Atlantischen mit dem Großen Ozean auf kürzestem Wege ermöglicht worden ist, so gelangen wir in jene üppigen Gebiete des tropischen Südamerika, welche uns Alexander von Humboldt, gleich einem zweiten Entdecker der Neuen Welt, erschloß, und die nach seinem Vorgange Ph. Martius, J. B. Spir, der Prinz von Neuwied, Prinz Alexander von Württemberg, Eduard Pöppig, die Gebrüder Schomburgk, H. Burmeister und zahlreiche andere Forscher besuchten. Wir begleiten sie durch die üppigen Wildnisse Brasiliens, Guyana's, Neugranada's und Columbiens hinauf zu den kühleren Gehängen der Cordilleren, an denen die fieberheilenden Chinabäume gedeihen. Wir folgen ihnen auf der großen Inka=Straße, dem merkwürdigen Denkmal untergegangener Völker und Herrscherstämme, die ihrer Zeit ein interessantes Seitenstück zu der eigenthümlichen Kultur Meriko's boten. Durch die sonnigen Provinzen Peru's gelangen wir nach Chili und erlauschen dort neben der Sprache der Spanier und der Indianer an mancher Thüre auch die Töne deutscher Zunge, die uns mahnen wie Germaniens Geist, zwar geräuschlos und ohne Prunk, die aber desto segnender und unaufhaltsamer den Kreislauf um das Erdenrund verfolgen.

Die ersten beiden einem andern Erdtheile, Afrika, gewidmeten Bände des Buches der Reisen eröffnen uns einen wunderbaren Blick ins Herz des lange verschlossenen Erdtheils. Ein schlichter und gerechter Mann, Dr. David Livingstone, tritt uns dort entgegen. Weit weg von den bekannten Gebieten des Kaplandes, quer durch den ganzen Kontinent, vom Atlantischen Ozean bis zu den Gestaden des Indischen Meeres, geht der Zug des kühnen Europäers. Nicht bloße Abenteuerlust, nicht müßige Neugier treibt ihn an, nein! den Sklavenhandel an seiner innersten Wurzel will er angreifen, den Negervölkern will er die Segnungen des Evangeliums bringen und zwischen ihnen und den Nationen Europa's eine Verbindung durch Handel anbahnen, — dies sind die Absichten des unermüdlichen Missionärs. — Der zweite, diesem Reisenden gewidmete Band enthält gleichzeitig die neuesten Forschungen auf Madagaskar.

Der folgende Band des Buches der Reisen bietet uns Gelegenheit, die

Aufmerksamkeit des deutschen Vaterlandes hinzulenken auf unsere hochverdienten Landsleute, Dr. Heinrich Barth und Dr. Eduard Vogel, deren Erforschungsreisen sein wechselreicher Inhalt zu schildern versucht. Dem Plane unseres Werkes getreu, bezeichneten wir auch hier zunächst die Stellung, die beide Entdecker in der Reihe der Afrika-Reisenden einnehmen. Durch die heiße Wüste mit ihren Sand- und Felsenmeeren, ihren Wirbelstürmen und ihrem wegelagernden Gesindel geht der Zug der unerschrockenen Forscher tief ins Herz des Sudan. Mit der Kugelbüchse in der einen Hand, dem Fernrohr und den sonstigen astronomischen Geräthen in der andern, schlägt sich der jüngere der beiden Reisenden zwischen Kannibalen-Stämmen und muhamedanischen Fanatikern durch, — bis zuletzt seine Spur in dem verrufenen Wadaï für uns gänzlich verschwindet; während der ältere nach glücklich vollbrachter Heimkehr den Ruhm, als Deutschlands größter neuerer Reisender gepriesen zu werden, nur kurze Zeit genossen hat.

Ein fernerer Band des Buches der Reisen wird alle die wichtigen Entdeckungen und Ergebnisse zusammenfassen, welche in jüngster Zeit das allgemeine Interesse nach dem Osten und Nordosten des Welttheils, nach den Quellen des Nil, den Ländern und Völkern der großen Seen hingelenkt haben.

Im alten, ehrwürdigen Asien wird unser Blick durch die Ereignisse der Gegenwart zunächst gelenkt nach Japans Inseln, nach dem wiedererschlossenen Nippon, mit seiner Riesenhauptstadt Jeddo. Ein sonderbares Bild mit verwandten und doch wiederum ganz fremdartigen Farben tritt uns in dem hochkultivirten Inselvolke entgegen. Wir sehen die starren Schranken sinken, durch welche jedem Fremden das Betreten des japanischen Reiches untersagt war, sehen eine Flagge Europa's nach der andern sich auf der Rhede von Jeddo entfalten und begleiten schließlich die Flagge des norddeutschen Schutzstaates, die Hoffnung nährend, daß der angebahnte Verkehr mit jenen fernen Völkern das Seine beitragen werde, auch den Wohlstand unserer Heimat zu vermehren.

In den Reisen des Abenteuer suchenden Malers T. W. Atkinson, der Reisenden A. H. von Middendorf, R. Maack, G. Radde, A. Michie ꝛc. gewähren wir weiterhin dem Leser einen Einblick in die bunte Musterkarte, welche das mächtige Asien dem Blick des Geographen bietet. Vom hohen Norden drängen langsam, aber unverrückt, Rußlands weite Staaten nach Süden, hier die Oasen auf dem Wege nach Persien, dort die Nachbargebiete der großen Gobi und des Altai, im Osten hier endlich die Gestade des vielbesprochenen Amur ergreifend und lüsternen Auges nach Japan, China, dort nach Indien, Persien, Afghanistan und dem Lande der Osmanen schauend! Im Süden endlich die genannten Völker selbst mit ihrem eigenthümlichen Leben und Treiben, einer sagenreichen Vergangenheit und wechselreichen Gegenwart!

Und über das Paradies der Erde hinweg — über die gewürzduftende Inselwelt der Malayen, deren Kenntniß unsere Leser vermittelst zweier prächtig ausgestatteter Bände erlangen, — späht endlich unser Blick nach Ozeanien, welches, erst ein Verbannungsort bei Kannibalen, dann ein Dorado Tausender, gegenwärtig auf bestem Wege ist, zum blühendsten Kulturstaat sich zu erheben, dabei geologisch als ältester, geschichtlich als jüngster Kontinent von höchstem Interesse. Schließt es doch mit den Sandwich-Inseln und anderen Eilanden einer milden Zone die große Kette, die sich durch den Verkehr der Völker um den Erdball schlingt und in welcher jede Nation ein Glied bildet.

Fürwahr, das Menschengeschlecht geht mehr und mehr seiner herrlichen Bestimmung entgegen: eine einzige große Familie zu werden! Die Früchte, welche der Reisende im Schweiße seines Angesichts pflückt — ja oft genug mit seinem Herzblute erkämpft —, sie kommen unserm ganzen Geschlecht zu Gute. Der Wanderer, welcher im Kampfe mit Klima und Mißgeschick unterliegt, ist den gleichen Heldentod gestorben, wie der Krieger bei der Vertheidigung des Vaterlandes: er hinterläßt das, was er erwarb, zum Erbe seinem Volke.

Es bedarf in der Jetztzeit kaum noch des Hinweises, welche außerordentliche Bedeutung die Kenntniß anderer Länder und Völker für die Bildung des Einzelnen wie für die des ganzen Volkes hat. An der Hand lebensvoller Schilderungen vermag der Leser leicht die physische Beschaffenheit entlegener Gegenden, die Eigenthümlichkeiten ihrer Produkte, die Sitten ihrer Bewohner an seinem Geiste vorüberziehen zu lassen, — ohne dabei den Unbilden und Gefahren ausgesetzt zu sein, von denen der reisende Forscher selbst bedroht und leider oft genug ereilt wird.

An Erfahrungen reicher, legt er das gelesene Buch zur Seite, prüft vergleichend, mit geklärtem Blick seine Umgebung, fühlt sich mit manchem Uebel seiner Verhältnisse ausgesöhnt, — wenn andere Länder größere Mißstände enthalten, und er bringt Verbesserungen in seinem Wirkungskreise an, welche er durch Vergleichung mit der Ferne kennen gelernt hat.

Wir fürchten nicht, daß vermittelst der Art und Weise, wie wir unsere Leser durch die „Fremde" geleiten, ihre Liebe zum Vaterlande geringer werde. Nur aus der Unkenntniß des Auslandes, nur aus halbwahren Erzählungen, welche durch überspannte, phantastische Gemälde blos die Lichtseiten der Fremde hervorhoben: nur daraus kann Schaden erwachsen. Wie der Wanderer am Ende seiner Reise bei den lieben Seinen den Stab in den Winkel lehnt und erinnerungsfreudig den Weinstock seiner Hütte pflegt, so fühlt sich der wohlunterrichtete Leser der Heimat doppelt froh, wenn ihm durch eine Lektüre, die ein Bild voll Wahrheit vor ihm entrollte, Gelegenheit geboten wird, „Fremde und Heimat" zu würdigen und miteinander zu vergleichen.

Und diese wohlthuende Wirkung erwarten auch wir von unserem Unternehmen, welches wir hiermit der weitreichendsten Unterstützung der deutschen Leserwelt angelegentlichst empfehlen.

Bezugs-Bedingungen.

1. **Ausgabe in Heften.** Das „Buch der Reisen" erscheint in Heften von drei reich illustrirten Bogen nebst beigegebenen Tonbildern, Karten u. s. w. 6—8 solcher Hefte bilden einen damit abgeschlossenen Band. Preis des Heftes bei Subskription auf mindestens vier Bände: 5 Sgr. = 18 Kr. rhein.

2. **Separat-Ausgabe.** Jedes der auf Seite 2 und 3 aufgeführten Werke, ein für sich bestehendes Ganzes bildend, wird auch einzeln abgegeben. Der Preis für jeden Band ist elegant broschirt: 1⅓ Thlr. = 2 Fl. 24 Kr. rhein., in engl. reich vergoldetem Einbande 1⅔ Thlr. = 3 Fl. rhein. Nur einige Werke kosten geheftet 1⅔—2 Thlr. = 3 Fl. — 3 Fl. 36 Kr. rhein., gebunden 2—2½ Thlr. = 3 Fl. 36 Kr. — 4 Fl. 12 Kr. rhein.

Verlagsbuchhandlung von Otto Spamer in Leipzig.